CB057476

A LUTA
CORPORAL

© *Ferreira Gullar, 1954*

Reservam-se os direitos desta edição à
EDITORA JOSÉ OLYMPIO LTDA.
Rua Argentina, 171 – 1º andar – São Cristóvão
20921-380 – Rio de Janeiro, RJ – República Federativa do Brasil
Tel.: (21) 2585-2060 Fax: (21) 2585-2086
Printed in Brazil / Impresso no Brasil

Atendemos pelo Reembolso Postal

ISBN 85-03-00518-2

Capa: JOATAN

CIP-Brasil. Catalogação-na-fonte
Sindicato Nacional dos Editores de Livros, RJ.

G983L
6ª ed.

Gullar, Ferreira, 1930-
    A luta corporal: poesia / Ferreira Gullar; prefácio de
Fábio Lucas. – 6ª ed. – Rio de Janeiro: José Olympio, 2006.

    Dados biobibliográficos do autor.
    1. Poesia brasileira. I. Título.

06-0170

CDD – 869.91
CDU – 869.0(81)-1

FERREIRA GULLAR

A LUTA CORPORAL

Poesia

6ª edição

Prefácio
FÁBIO LUCAS

JOSÉ OLYMPIO
EDITORA

Sumário

AS ÁSPERAS PRIMAVERAS (*Ferreira Gullar*)   ix
PERSPECTIVAS DE *A LUTA CORPORAL* (*Fábio Lucas*)   xi

SETE POEMAS PORTUGUESES
    TRÊS   *4*
    QUATRO   *5*
    CINCO   *6*
    SEIS   *7*
    SETE   *8*
    OITO   *9*
    NOVE   *10*
    O ANJO   *11*
    GALO GALO   *13*
    A GALINHA   *16*

O MAR INTACTO
    P.M.S.L.   *18*
    O TRABALHO DAS NUVENS   *20*
    AS PÊRAS   *23*
    A AVENIDA   *25*

UM PROGRAMA DE HOMICÍDIO
    CARTA DO MORTO POBRE   *28*

O CAVALO SEM SEDE
   Os Reinos Inimigos *36*
   Os Jogadores de Dama *37*
   Ninguém Sabe em que Território de Fogo *38*
   Um Abutre no Ar Violento do Quarto *39*
   Quando Espanquei o Garoto Ossudo *40*
   Agora Quis Descer, e Não Havia Chão *41*
   Os da Terra *42*
   Vieste, Harry, Joe ou JOhn *43*
   Os Seres Riem Num Espaço de Luzes Concisas *44*
   O Abismo da Verdura *45*
   Aqui Sentou-se o Som, o Opaco, Som; Aqui? *46*
   Deixa, os Velhos Soldados Já Estão Secos *47*
   Eu Habitante do Vento *48*

AS REVELAÇÕES ESPÚRIAS
   Carta ao Inventor da Roda *50*
   Carta de Amor ao Meu Inimigo Mais Próximo *52*
   The Sky Above Us *53*
   Denúncia ao Comissário de Bordo *54*
   Falsas Confidências a um Cofre de Terra
   Apreendido em Oklma *55*
   Machado *57*
   Os Ossos do Soluço *59*
   O Soluço, a Impersistência de Quéops *60*

A FALA
   As Crianças Riem no Esplendor das Frutas, Vina *62*
   Falemos Alto. Os Peixes Ignoram as Estações
   e Nadam *63*
   O Culto do Sol PErdeu os Homens; os Restos de
   Suas Asas *64*

ESTA LINGUAGEM NÃO CANTA E NÃO VOA   65
O TEU MAIS VELHO CANTO   66
FORA, É O JARDIM, O SOL – O NOSSO REINO   67
UM FOGO SEM CLARÃO QUEIMA OS FRUTOS   68
UM FOGO SEM CLARÃO CRIA OS FRUTOS DESTE CAMPO   69
MOVIMENTO – TÃO POUCO É O AR   74
AS CAVERNAS JAMAIS TOCADAS   75
O MITO NOS APURA   76
CHÃO VERBAL   77
FLORES DIURNAS, MINHAS FERAS   78
SOBRE A POEIRA DOS ABRAÇOS   79
NA MINHA IRASCÍVEL PÁTRIA   80
AS ROSAS QUE EU COLHO   81
ARANHA   82
O QUARTEL   83
O ARSENAL   84
CERNE CLARO, COUSA   88
HÁ OS TRABALHOS E (HÁ) UM SONO INICIAL   89
ROÇZEIRAL   90
O INFERNO   93
FINDA O MEU SOL   97
NEGROR N'ORIGENS   99

Sobre o Autor   103
Obras do Autor   105

AS ÁSPERAS
PRIMAVERAS

FERREIRA GULLAR

DOS VINTE AOS 23 ANOS, escrevi os poemas que vieram a constituir *A luta corporal*. Publiquei o livro em 1954, à minha custa, impresso na gráfica da revista *O Cruzeiro*. A diagramação, feita por mim, valorizando o branco da página, mereceu elogios do poeta João Cabral de Melo Neto que, na época, mantinha uma seção de livros no vespertino *A Vanguarda*, fundado por Joel Silveira. Nos primeiros três meses quase ninguém se manifestou sobre o livro mas, de repente, começaram a aparecer os artigos, alguns muito elogiosos – como o de José Geraldo Vieira, Maria de Lurdes Teixeira e Oliveira Bastos – outros bastante negativos, como o de Carrera Guerra, denunciando minha poesia como uma "flor podre da burguesia". Em compensação, Rubem Braga transcreveu o poema 'Galo galo' na prestigiosa página que mantinha na revista *Manchete* com o título 'A poesia é necessária'.

Lá se vão mais de quarenta anos desde a série 'Poemas portugueses' escrita ainda em São Luís do Maranhão e que é o começo da aventura. Tento rever-me naqueles dias distantes, ardendo nas indagações e perplexidades com que me deparava a cada momento. A existência não tinha sentido; tinha beleza, uma beleza maldita, tocada pelo fulgor da morte. Como um condenado à pena capital, vivi alucinadamente aqueles dias e poemas que culminaram com a implosão da linguagem poética em 'Roçzeiral', escrito em estado de quase delírio. Eufórico, experimentei assim a ilusão de me ter libertado dos limites da sintaxe, dos limites do real. Depois, caí em mim, e achei que simplesmente havia destruído meu instrumento de expressão e assassinado a poesia.

Era uma aventura que chegara ao fim. Mistura de faina poética e solidão, de deslumbramentos verbais e desamparo, vividos em quartos sórdidos, ruas, becos, praças, da Lapa, da Glória, do Catete, por onde eu vagabundava. Meu consolo era admitir que os poemas intensos que levava nos bolsos do paletó encardido, um dia, quem sabe, abalariam as pessoas.

PERSPECTIVAS
DE *A LUTA CORPORAL**

FÁBIO LUCAS

COM A EDIÇÃO COMEMORATIVA dos quarenta anos do lançamento de *A luta corporal*, celebra-se o advento da curva histórica necessária à crítica disposta a avaliar a coletânea que lançou o poeta Ferreira Gullar. O impacto de *A luta corporal* na carreira do autor equipara-se ao surgimento de *Psicologia da composição* na trajetória de João Cabral de Melo Neto, na medida em que anuncia uma personalidade distinta e um poeta diferente à comunidade intelectual do país. No plano do conteúdo, apresentam-se de sinais trocados. João Cabral aponta para a negação da poesia e Ferreira Gullar indica a primazia do canto.

Todos sabemos que inexiste obra literária sem antecedentes e que toda literatura vem a ser uma remissão disfarçada a obras anteriores. No caso de *A luta corporal*, percebe-se um estuário de correntes poéticas que inclui contrastes barrocos, desatavios modernistas e premonições formais de vanguarda. Enfim, no fundo e na forma o conjunto de poemas registra uma crise do espírito misturada a uma ânsia de inovação. Com o tempo, a obra se tornou a marca de uma geração.

Por cima da reciclagem de resíduos poéticos de tendências contemporâneas, surpreendemos uma elaboração lírica de inquietante originalidade. FG utiliza a sua arte para denunciar vínculos com uma totalidade perdida. Enquanto a era da epopéia anunciava o anseio de captar na expressão poética uma totalidade intensiva, a poesia moderna tentava refugiar, nas ruínas do discurso totalizador, as particularidades dominantes, evocadoras de um mundo que se fragmentou.

---
*Prefácio da 4ª edição comemorativa dos 40 anos de *A luta corporal*. (N. do E.)

A luta corporal testemunha, de certo modo, a crítica do discurso logocêntrico, sem, todavia, desesperar do controle formal da liberdade de expressão. Podemos dizer que FG conduz a manifestação poética para além dos limites racionais. Há nele uma parcela de negatividade crítica que o coloca distante do instrumentalismo verbal. A luta pela expressão significa, na sua obra, o desespero para cobrir o hiato entre a emoção e a palavra.

A sua vida artística posterior confirma a imanência, em seu espírito, da busca de uma harmonia para o universo. Harmonia que reúne em si as duas filhas da beleza, a ética e a estética, conduzidas ambas pela lucidez. Entenda-se: a luta corporal é simbólica.

É curioso notar, já em alguns poemas de *A luta corporal*, que o *trobar clus* ou as unidades de cunho hermético ou enigmático sejam amenizados pelo exercício da razão, como se, numa era de inspiração neobarroca, optasse pelo conceptismo. Notam-se frinchas de claridade dentro de certas passagens obscuras.

É inegável sua vocação para a poesia especulativa. Há, mesmo, momentos em que a aproximação a Fernando Pessoa torna-se inevitável: é quando o poeta faz a apologia dos objetos desprovidos de seu itinerário conceitual, como os formaliza Alberto Caieiro: "O único mistério é haver quem pense no mistério." Veja-se esta passagem de 'O trabalho nas nuvens':

>A tarde é
>as folhas esperarem amarelecer
>e nós o observarmos.
>
>E o mais é o pássaro branco que
>voa – e que só porque voa e o vemos,
>voa para vermos. O pássaro que é
>branco
>não porque ele o queira nem
>porque o necessitamos: o pás-
>saro que é branco
>porque é branco.

E, a seguir, o princípio do poema 'As pêras', inigualável:

> As pêras, no prato,
> apodrecem.
> O relógio, sobre elas,
> mede
> a sua morte?

A clarividência de FG se revela igualmente na recusa à exploração do acaso, artifício dadaísta de larga extração pela voga experimentalista. A moderna concepção da arte exige que ela traga em si, na sanha de comunicar-se, ora um anúncio, ora um apelo carregado de afetividade. Há sempre um grau de afetividade no discurso literário, pois inexiste representação neutra. FG privilegia o lirismo, uma vez que a arte se lhe apresenta como expressão de sentimento individual profundo. Entretanto, o seu lirismo é direcionado mais pela inteligência do que pelo sentimentalismo.

Sua verbalização poética se organiza, inicialmente, em torno de mitemas de raízes psicológicas, colhidos na infância. Em segunda fase, a experiência vivida se apóia em mitos que exprimem a precariedade da construção do ser pela palavra. No fundo, mitos e palavras encerram a verdade do poeta. Formam a intimidade que transita no discurso/expressão do sentido da vida e das coisas. Mas a tonalidade é labiríntica, expande-se em construções de variada procedência, marcadamente de cunho surreal. Observe-se:

> O girassol
> vê com assombro
> que só a sua precariedade
> floresce. Mas esse
> assombro é que é ele, em verdade.
>   (Do poema 'O mar intacto'.)

Ou, ainda:

>   o ilícito
>   sol
>   da lepra acesa da pele.
>   (Do poema 'O inferno'.)

A contribuição do surrealismo à atmosfera cultural em que floresceu FG se deve à prática da liberdade da imaginação, caminho, segundo os surrealistas, da felicidade. Daí o privilégio que concediam à infância e à loucura, situações supostamente de plena felicidade, já que ali a imaginação corre solta. O poeta transformaria o mundo pela emoção. Fabrica sonhos e liberdade. Breton acreditava nos poderes heurísticos e revolucionários da palavra.

O leitor de *A luta corporal* haverá de espantar-se com a sua riqueza imagética. Não, entretanto, de um imagismo descontrolado, ao modo de certas experiências do surrealismo, apologetas do fluxo verbal sem peias. O surrealismo em FG é acidental. Ou, melhor: ocorre como variante do jeito destorcido de constatar o primado da descontinuidade e da dispersão. Ou no ato de simultaneamente retirar e conferir significado às palavras.

FG se apresenta como operador da língua, mais do que um poeta exposto às energias da inspiração. Evita fazer do poema o sonho de um louco, como quer a tese platônica, ou o onirismo doentio, *aegi somnia*. Não. Seu poema, já no nascedouro, é fruto da inteligência em atividade lírica. Sua poética coloca-se entre a espontaneidade e a normatividade. Apresenta-se ora livre, como requer a tendência moderna, ora obediente às regras e convenções, como postula a tradição clássica. Uma espécie de simetria desfocada.

É que não é raro surpreendermos a inextricabilidade do conteúdo em contraste com a regularidade do discurso, operando-se a dissonância ou a tensão dissonante, com o que se cobra do leitor uma atitude ativa. O leitor participa do afã de dar sentido aos símbolos.

Temos, em vários momentos de *A luta corporal*, um animismo particular: na verdade, o poeta não empresta alma às coisas de maneira sistemática, mas toma de todas parcelas da alma que se constrói. Ou seja: os objetos entram na dança de exprimir a condição humana.

É importante assinalar em *A luta corporal* a variedade formal, mais efervescente que a multiplicidade temática. A obra é contemporânea da confusão da prosa com a poesia, tendência longamente amadurecida na arte ocidental. Os simbolistas foram mestres nos poemas-em-prosa e o século XX, nos seus albores, consagrou a prosa poética. No caso de FG, melhor dizer da confusão de poesia e prosa. Ou, ainda, da aliança da poesia e prosa na pauta do estranhamento, lugar magnético do confinamento dos objetos estéticos mantidos apartados dos objetos cotidianos.

É que o poeta se revelou mestre na arte de desfamiliarizar as palavras, de desautomatizar seu uso e, conseqüentemente, sua percepção. Nos últimos poemas de *A luta corporal* assiste-se a uma desconstrução da gramática, uma invasão do território das palavras não catalogadas, uma invenção de signos, um letrismo desesperado, busca de alcançar o não-dito, o inefável. Observem-se os poemas 'Há os trabalhos e (há) um sono inicial', 'Roçzeiral', 'Finda o meu sol' e 'Negror d'origens', pontilhados de jogos gráficos e sonoros.

Em algumas ocasiões, o texto de FG desliza numa ordem prosaica. Mas o poeta não faz o seu poema redizer o que a prosa já disse. A 'prosa' de FG toma o curso da poesia, segue o seu preceito. É nítido não haver referencialidade na poesia de FG, mas aventura da linguagem. Poder-se-ia mesmo dizer que o poeta, na linha de Michael Hamburger (*The truth of poetry*), busca palmilhar o caminho da verdade apoiado no paradoxo da palavra.

Quem ler cuidadosamente *A luta corporal* haverá de notar certas convergências lexicais que fazem um sistema imagético baseado em palavras-chave que se tornam emblemáticas: fogo, água, terra e ar e suas variantes semânticas. Na verdade são os quatro elementos fundamentais da tradição filosófica. O curioso é analisar como elas se associam. O quadro das significações é ilimitado.

De um modo geral, podemos estabelecer na seleção do repertório algumas oposições que reforçam o significado. A primeira delas será aquela que denota o contraste entre a vida e a morte. É freqüente que termos como 'fogo', 'luz', 'fulguração', 'calor', 'verão', associados a 'flor', 'primavera', 'rio', 'água', 'mar', 'rosa', 'canto' e 'grito' indiquem a vida, o desejo e a sexualidade. Tamanha é a freqüência da simbolização ligada à luz e ao fogo, que poderíamos nos socorrer dos estudos seminais contidos na obra do filósofo francês Gaston Bachelard, propositor do "racionalismo aberto" e da poética dos elementos naturais dentro do imaginário humano sem fronteiras. Seria o caso de invocar-se *La psychanalyse du feu* (1937). No poema 'O inferno', FG chega a categorias extremas como 'FOGO DO FOGO' e ao *tropo* de exageração: "o fogo queima o fogo".

De outro lado, 'pó', 'noite', 'fome' e suas variantes apontam para a negação da vida, ou seja, a 'morte', multipresente. Por vezes repontam em *A luta corporal* os sintomas juvenis do medo da morte. O poema 'O anjo' incorpora o 'tempo mágico' e, por fim, humaniza o mito, dotando-o de mortalidade, atributo dos homens.

> O anjo é grave
> agora.
> Começo a esperar a morte.

A consciência da morte é altaneira, dramatiza o discurso humano. No final de 'Carta do morto pobre', que integra "Um programa de homicídio", encontra-se: "O homem é grave. E não canta, senão para morrer." E no fecho do canto de nº 4 temos: "O que somos não nos ama: quer apenas morrer ferozmente." Coroa o conjunto da composição o relato da metamorfose categorizada no versículo final: "e cada fato é já a fabricação de flores que se erguerão do pó dos ossos que a chuva lavará,/ quando for o tempo". Nota-se no episódio nº 5 a trama da metamorfose. Culmina tudo, no trecho final, de nº 6, *a solidão*, astro-rei de uma paisagem desoladora, "a solidão da palavra", "a solidão do objeto".

Há outras oposições. Podemos observar em *A luta corporal* a intromissão de certo orfismo pelo qual a vitória do 'canto' e da 'palavra' redime o homem e sobrepuja a morte. O poeta se distancia do *tropo* 'inana verba'. A propósito, um dos pontos altos de *A luta corporal* vem a ser o poema 'Galo galo', magistral a muitos respeitos. O antropomorfismo domina a composição. E também a cadência. Até os seres inanimados 'sentem': "O cimento *esquece*/o seu último passo" (grifo acrescentado). A tensão crescente do poema testemunha o conluio do ritmo da arquitetura morfossintática com a dramaticidade. O galo expele o seu fruto extremo, o grito, como se árvore fosse. No poema 'Fala' pressentimos o conúbio do real com a palavra, talvez fundadora, esta, do real:

> Onde a luz da palavra
> torna à sua fonte,
> detrás, detrás do amor,
> ergue-se para a morte, o rosto.

A dinâmica da coletânea de poemas abre espaço para algumas idealizações (nas horas mais pessimistas até para a idealização do vazio), e, na expressão da urdidura amorosa, para a edificação do mito da mulher ausente. Com efeito, o 'eu lírico' de alguns poemas não deixa de consignar a destruição que oferece ao espírito a ausência da pessoa amada.

Logo no pórtico de *A luta corporal,* FG apresenta os 'Sete poemas portugueses', que incluem, no poema 5, um soneto cuja chave de ouro é: "eu colho a ausência que me queima as mãos". E, no poema 8, registra as "sombras insonoras/de ausências".

Em face de sua visão de mundo carregada de positividade (a negatividade, quando aparece, é crítica, e visa ao desmonte dos padrões que obstruem o curso da vida), nota-se, desde o início, certo voluntarismo que transcende a aceitação passiva do desastre. É o que diz o final do poema 6: "eu mesmo juntarei a estrela ou a pedra/que de mim reste sob os meus escombros". E o poema 9, terminal dos 'Sete poemas portugueses', encerra-se dinamicamente: "O mesmo vento/ que impele a rosa é que nos move, espelho!" Oportuno assinalar a presença, no poema 4, do pequeno verso "Fonte, flor em fogo", densamente motivado pela aliteração. E significativo para quem conhecer toda a obra *A luta corporal.* As três unidades significativas, 'fonte', 'flor' e 'fogo' constituirão sintagmas estratégicos do discurso literário de Ferreira Gullar. Servirão para conduzir aspectos entusiásticos da alma ou situações de glorificação da vida, reforçadas sempre pelo contraste estabelecido com outros morfemas carregados de significação derrogativa.

Quem estudar o universo imagético de *A luta corporal* haverá de pontuar outra característica de sua dinâmica, além do voluntarismo indicador de positividade: a permanente presença da idéia do movimento e da transformação. Já no poema 7 dos 'Sete poemas portugueses' se denuncia o recurso ao *tropo* da mudança geral das coisas, de corte heraclítico:

> Entre o que é rosa e lodo necessário
> passa um rio sem foz e sem começo.

Em 'Um programa de homicídio' tem-se: "O homem caminha. É um rio andando. É uma árvore, andando. A lama, andando; sol, andando. O homem é um peixe de cabelos e morte clara. Os pés no chão".

O poeta por vezes paga tributo à noção idealista de que a essência pode ocultar-se por detrás da aparência, já que o absoluto repousa na Idéia, além das formas. Vejam-se estes versos de 'O mar intacto': "despreza o mar/que amas, e só assim terás/o exato inviolável/mar autêntico".

A ressonância do mesmo princípio encontra-se no trecho seguinte, buscado no poema 'O trabalho das nuvens': "Só à margem da tarde/é que se conhece/a tarde."

Os hiatos de expressão surreal mostram-se pontilhados de beleza. Revelam a adequação da linguagem do poeta à busca do indizível, do insuspeitável miolo da essência. Trazem ao leitor o poder da imaginação criadora, como estes dísticos de 'Na minha irascível pátria':

> Nos fundos lagos o dia move
> seus carvões enfurecidos;

ou, para concluir:

> O silêncio sustenta caules
> em que o perigo gorjeia.

Não é por acaso que encontramos, no poema 'Há os trabalhos e (há) um sono inicial', uma assertiva que assentaria como epígrafe a uma coletânea surrealista:

> Cristais da
> ORDEM
> tresmalham.

A crise de expressão se demonstra, como dissemos, na variedade formal e na confusão entre poesia e prosa. O poeta chega a conceber, com 'O quartel', algo que se assemelha a uma peça teatral, com um dialogismo muito particular. É sabido que os gregos não dissociavam a poesia da declamação. Daí ser congenial à expressão poética a declamação, já de si cênica. Com 'O quartel', FG logra o dramático ao enunciar sucessivamente os interlocutores e suas 'falas'. No registro final, "ergue-se o canto dum galo". Isto após a derradeira 'fala', que evoca o 'verde fogo' da 'grama'. O 'fogo' e o 'galo' novamente voltam ao cenário dos primeiros inventos do poeta.

Todas as virtudes apontadas evidenciam a ascensão do poeta no panorama literário brasileiro. O sistema imagético baseado em vocábulos cibernéticos, reiterativos, desdobra-se em novas aventuras da linguagem. A combinação inicial de certa evasividade tensa do neobarroco com projeções cerebrais prenuncia o grande poeta experimentalista, lírico e social da maturidade. Do recanto alegórico de *A luta corporal* é que FG alçou a voz que vem povoando a atenção nacional e desafiando a crítica por mais de quarenta anos. Daí é que ele partiu para liderar uma geração, formar sua consciência de escritor, ramificar-se em outras aventuras da inteligência e impor-se como umas das expressões mais autênticas da poesia brasileira contemporânea.

Ferreira Gullar (à esquerda),
com *Corrêa de Araújo e Lago Burnett, em São Luís, em 1951,
às vésperas de sua viagem para o Rio de Janeiro.*

Em 1952, na avenida Atlântica, no Rio de Janeiro, com Lucy Teixeira e o pintor J. Figueiredo.

*Em 1952, no Passeio Público, Rio de Janeiro,
maranhenses vindo tentar a vida na capital.
A partir da esquerda: Antônio Luís Guimarães,
Berredo de Menezes, Lucy Teixeira,
Ferreira Gullar, Tobias Pinheiro e Lago Burnett.*

*Em 1953, na Cinelândia, no Rio de Janeiro,
com Oliveira Bastos (à esquerda) e Amélia Bauerfeld.*

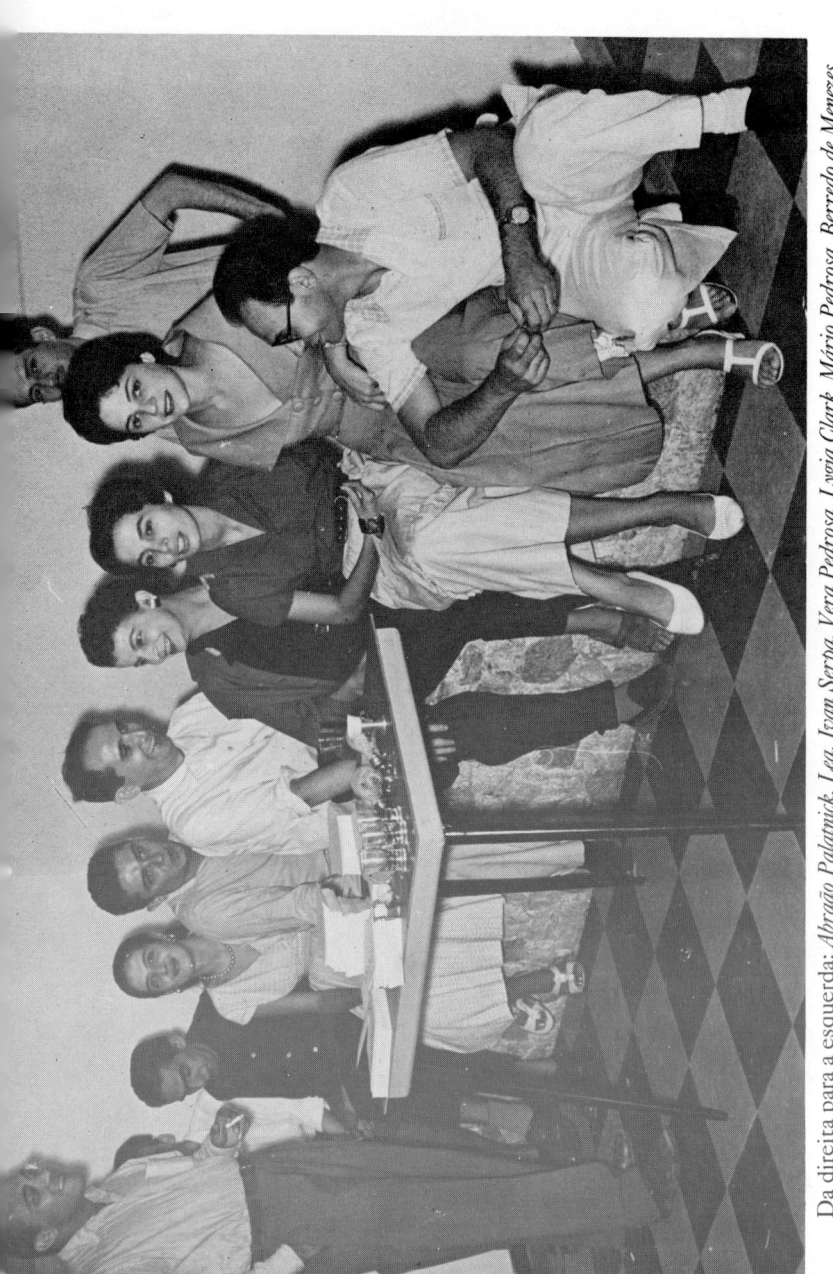

Da direita para a esquerda: *Abraão Palatnick, Lea, Ivan Serpa, Vera Pedrosa, Lygia Clark, Mário Pedrosa, Berredo de Menezes, Theresa Aragão, Ferreira Gullar, Hélio Oiticica* (encoberto) e, de pé, *Oliveira Bastos.*

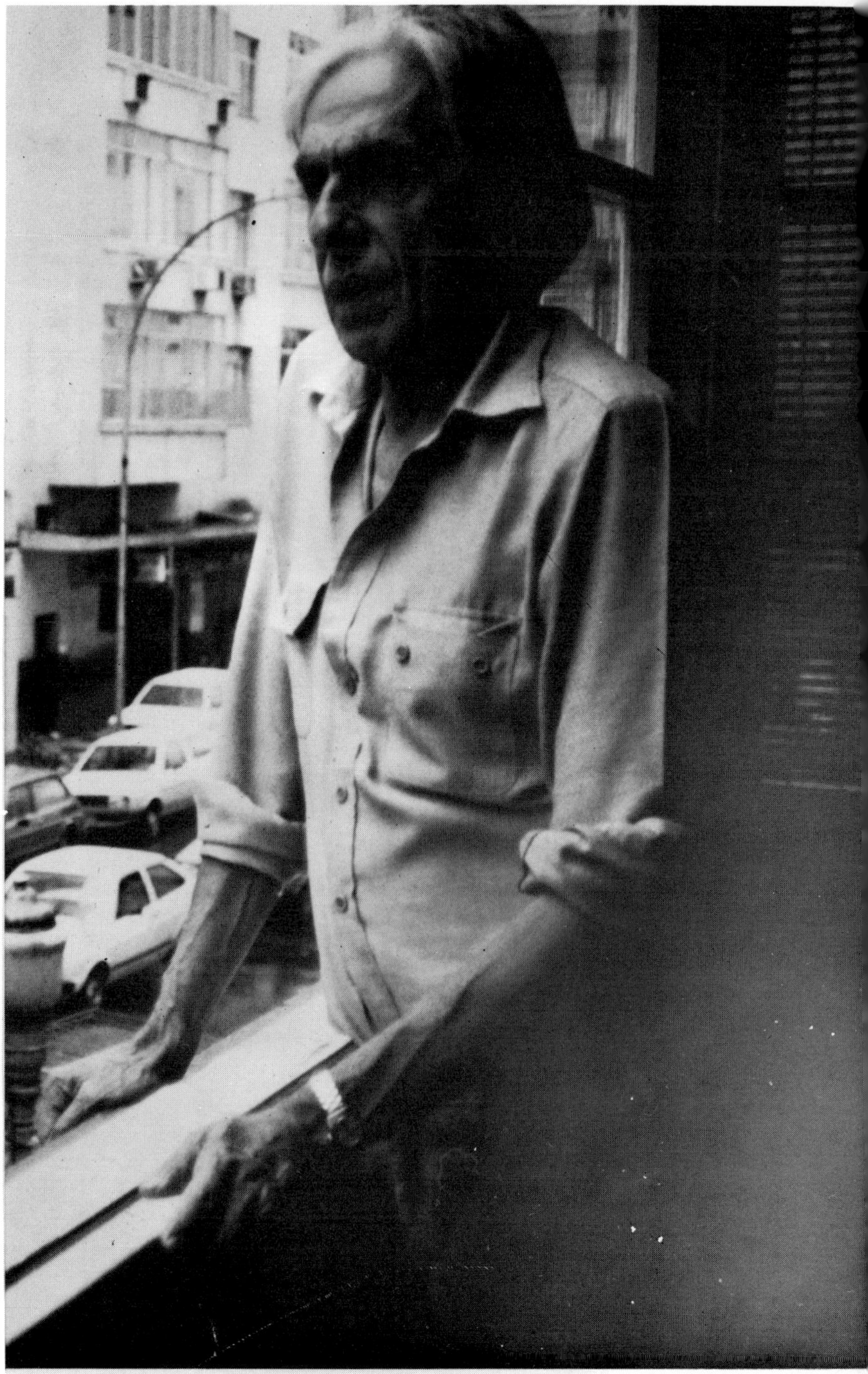

A LUTA CORPORAL
(1950-1953)

Sete Poemas
Portugueses

3

Vagueio campos noturnos
Muros soturnos
paredes de solidão
sufocam minha canção

A canção repousa o braço
no meu ombro escasso:
firmam-se no coração
meu passo e minha canção

Me perco em campos noturnos
Rios noturnos
te afogam, desunião,
entre meus pés e a canção

E na relva diuturna
(que voz diurna
cresce cresce do chão?)
rola meu coração

4

Nada vos oferto
além destas mortes
de que me alimento

Caminhos não há
Mas os pés na grama
os inventarão

Aqui se inicia
um viagem clara
para a encantação

Fonte, flor em fogo,
que é que nos espera
por detrás da noite?

Nada vos sovino:
com a minha incerteza
vos ilumino

5

Prometi-me possuí-la muito embora
ela me redimisse ou me cegasse.
Busquei-a na catástrofe da aurora,
e na fonte e no muro onde sua face,

entre a alucinação e a paz sonora
da água e do musgo, solitária nasce.
Mas sempre que me acerco vai-se embora
como se me temesse ou me odiasse.

Assim persigo-a, lúcido e demente.
Se por detrás da tarde transparente
seus pés vislumbro, logo nos desvãos

das nuvens fogem, luminosos e ágeis!
Vocabulário e corpo – deuses frágeis –
eu colho a ausência que me queima as mãos.

6

Calco sob os pé sórdidos o mito
que os céus segura – e sobre um caos me assento.
Piso a manhã caída no cimento
como flor violentada. Anjo maldito,

(pretendi devassar o nascimento
da terrível magia) agora hesito,
e queimo – e tudo é o desmoronamento
do mistério que sofro e necessito.

Hesito, é certo, mas aguardo o assombro
com que verei descer de céus remotos
o raio que me fenderá no ombro.

Vinda a paz, rosa-após dos terremotos,
eu mesmo juntarei a estrela ou a pedra
que de mim reste sob os meus escombros.

7

Neste leito de ausência em que me esqueço
desperta o longo rio solitário:
se ele cresce de mim, se dele cresço,
mal sabe o coração desnecessário.

O rio corre e vai sem ter começo
nem foz, e o curso, que é constante, é vário.
Vai nas águas levando, involuntário,
luas onde me acordo e me adormeço.

Sobre o leito de sal, sou luz e gesso:
duplo espelho – o precário no precário.
Flore um lado de mim? No outro, ao contrário,
de silêncio em silêncio me apodreço.

Entre o que é rosa e lodo necessário,
passa um rio sem foz e sem começo.

8

Quatro muros de cal, pedra soturna,
e o silêncio a medrar musgos, na interna
face, põe ramos sobre a flor diuturna:
tudo que é canto morre à face externa,
que lá dentro só há frieza e furna.

Que lá dentro só há desertos nichos,
ecos vazios, sombras insonoras
de ausências: as imagens sob os lixos
no chão profundo de osgas vis e auroras
onde os milagres são poeira e bichos;

e sobretudo um tão feroz sossego,
em cujo manto ácido se escuta
o desprezo a oscilar, pêndulo cego;
nada regula o tempo nessa luta
de sais que ali se trava. Trava? Nego:

no recinto sem fuga – prumo e nível –
som de fonte e de nuvens, jamais fluis!
Nem vestígios de vida putrescível.
Apenas a memória acende azuis
corolas na penumbra do impossível.

9

Fluo obscuro de mim, enquanto a rosa
se entrega ao mundo, estrela tranqüila.
Nada sei do que sofro.
　　　　　　　　O mesmo tempo
que em mim é frustração, nela cintila.

E este por sobre nós espelho, lento,
bebe ódio em mim; nela, o vermelho.
Morro o que sou nos dois.
　　　　　　　　O mesmo vento
que impele a rosa é que nos move, espelho!

O ANJO

O anjo, contido
em pedra
e silêncio,
me esperava.

Olho-o, identifico-o
tal se em profundo sigilo
de mim o procurasse desde o início.

Me ilumino! todo
o existido
fora apenas a preparação
deste encontro.

2

Antes que o olhar, detendo o pássaro
no vôo, do céu descesse
até o ombro sólido
do anjo,
       criando-o
– que tempo mágico
ele habitava?

3

Tão todo nele me perco
que de mim se arrebentam
as raízes do mundo;

tamanha
a violência de seu corpo contra
o meu,
      que a sua neutra existência
se quebra:
         e os pétreos olhos
         se acendem;
         o facho
emborcado contra o solo, num desprezo
à vida
arde intensamente;
         a leve brisa
         faz mover a sua
         túnica de pedra

4

O anjo é grave
agora.
Começo a esperar a morte.

GALO GALO

O galo
no saguão quieto.

Galo galo
de alarmante crista, guerreiro,
medieval.

De córneo bico e
esporões, armado
contra a morte,
passeia.

Mede os passos. Pára.
Inclina a cabeça coroada
dentro do silêncio
– que faço entre coisas?
– de que me defendo?

                          Anda
no saguão.
O cimento esquece
o seu último passo.

Galo: as penas que
florescem da carne silenciosa
e o duro bico e as unhas e o olho
sem amor. Grave
solidez.
Em que se apóia
tal arquitetura?

Saberá que, no centro
de seu corpo, um grito
se elabora?

Como, porém, conter,
uma vez concluído,
o canto obrigatório?

Eis que bate as asas, vai
morrer, encurva o vertiginoso pescoço
donde o canto rubro escoa.

Mas a pedra, a tarde,
o próprio feroz galo
subsistem ao grito.

Vê-se: o canto é inútil.

O galo permanece – apesar
de todo o seu porte marcial –
só, desamparado,
num saguão do mundo.
Pobre ave guerreira!

Outro grito cresce
agora no sigilo
de seu corpo; grito
que, sem essas penas
e esporões e crista
e sobretudo sem esse olhar
de ódio,
        não seria tão rouco
e sangrento

     Grito, fruto obscuro
e extremo dessa árvore: galo.
Mas que, fora dele,
é mero complemento de auroras.

A GALINHA

    Morta
    flutua no chão.
            Galinha.

Não teve o mar nem
quis, nem compreendeu
aquele ciscar quase feroz. Cis-
cava. Olhava o muro,
aceitava-o, negro e absurdo.

        Nada perdeu. O quintal
        não tinha
                qualquer beleza.

                      Agora
as penas são só o que o vento
roça, leves.
        Apagou-se-lhe
toda a cintilação, o medo.
Morta. Evola-se do olho seco
o sono. Ela dorme.
              Onde? onde?

O Mar Intacto

P.M.S.L.

Impossível é não odiar
estas manhãs sem teto
e as valsas
que banalizam a morte.

Tudo que fácil se
dá quer negar-nos. Teme
o ludíbrio das corolas.
Na orquídea busca a orquídea
que não é apenas o fátuo
cintilar das pétalas: busca a móvel
orquídea: ela caminha em si, é
contínuo negar-se no seu fogo, seu
arder é deslizar.

Vê o céu. Mais
que azul, ele é o nosso
sucessivo morrer. Ácido
céu.
Tudo se retrai, e a teu amor
oferta um disfarce de si. Tudo
odeia se dar. Conheces a água?
ou apenas o som do que ela
finge?

Não te aconselho o amor. O amor
é fácil e triste. Não se ama
no amor, senão
o seu próximo findar.

Eis o que somos: o nosso
tédio de ser.

Despreza o mar acessível
que nas praias se entrega, e
o das galeras de susto; despreza o mar
que amas, e só assim terás
o exato inviolável
mar autêntico!

O girassol
vê com assombro
que só a sua precariedade
floresce. Mas esse
assombro é que é ele, em verdade.

Saber-se
fonte única de si
alucina.

       Sublime, pois, seria
suicidar-nos:
trairmos a nossa morte
para num sol que jamais somos
nos consumirmos.

O TRABALHO DAS NUVENS

Esta varanda fica
à margem
da tarde. Onde nuvens trabalham.

A cadeira não é tão seca
e lúcida, como
o coração.

Só à margem da tarde
é que se conhece
a tarde: que são as
folhas de verde e vento, e
o cacarejar da galinha e as
casas sob um céu: isso, diante
de olhos.

e os frutos?
e também os
frutos. Cujo crescer altera
a verdade e a cor
dos céus. Sim, os frutos
que não comeremos, também
fazem a tarde
          (a vossa
tarde, de que estou à margem).

Há, porém, a tarde
do fruto. Essa
não roubaremos:
            tarde
em que ele se propõe a glória de
não mais ser fruto, sendo-o
mais: de esplender, não como astro, mas
como fruto que esplende.

E a tarde futura onde ele
arderá como um facho
efêmero!

Em verdade, é desconcertante para
os homens o
trabalho das nuvens.

Elas não trabalham
acima das cidades: quando
há nuvens não há
cidades: as nuvens ignoram
se deslizam por sobre
nossa cabeça: nós é que sabemos que
deslizamos sob elas: as
nuvens cintilam, mas não é para
o coração dos homens

A tarde é
as folhas esperarem amarelecer
e nós o observarmos.

E o mais é o pássaro branco que
voa – e que só porque voa e o vemos,
voa para vermos. O pássaro que é

branco
não porque ele o queira nem
porque o necessitemos: o pás-
saro que é branco
porque é branco.

Que te resta, pois, senão
aceitar?
      Por ti e pelo
pássaro pássaro.

AS PÊRAS

As pêras, no prato,
apodrecem.
O relógio, sobre elas,
mede
a sua morte?

Paremos a pêndula. De-
teríamos, assim, a
morte das frutas?
      Oh as pêras cansaram-se
de sua forma e de
sua doçura! As pêras,
concluídas, gastam-se no
fulgor de estarem prontas
para nada.
      O relógio
não mede. Trabalha
no vazio: sua voz desliza
fora dos corpos.

Tudo é o cansaço
de si. As pêras se consomem
no seu doirado
sossego. As flores, no canteiro
diário, ardem,
ardem, em vermelhos e azuis. Tudo
desliza e está só.
      O dia
comum, dia de todos, é a

distância entre as coisas.
Mas o dia do gato, o felino
e sem palavras
dia do gato que passa entre os móveis
é passar. Não entre os móveis. Passar como eu
passo: entre nada.

O dia das pêras
é o seu apodrecimento.

É tranqüilo o dia
das pêras? Elas
não gritam, como
o galo.
      Gritar
para quê? se o canto
é apenas um arco
efêmero fora do
coração?

Era preciso que
o canto não cessasse
nunca. Não pelo
canto (canto que os
homens ouvem) mas
porque cantando o galo
é sem morte.

A AVENIDA

O relógio alto, as
flores que o vento sub-
juga,
    a grama a crescer
na ausência dos
homens.
    Não obstante,
as praias não cessam.
Simultaneidade!
        diurno
milagre, fruto de
lúcida matéria – imputrescível! O
claro contorno elaborado
sem descanso. Alegria
limpa, roubada sem qualquer
violência ao
doloroso trabalho
das coisas!

2

Miséria! esta avenida é
eterna!
    Que fazem os galhos
erguidos no
    vazio
se não garantem sua
permanência?

                    O relógio
                    ri.
                            O
canteiro é um mar
sábio con-
tido
suicidado.
                Na luz
desamparada, as corolas
desamparadas.

3

Precárias são as praias dos
homens:
            praias
que morrem na cama com
o ódio e o
sexo: perdem-se
no pó sem voz.

A importância das praias para o mar!
Praias, amadurecimento:
                            aqui
o mar crepita e fulgura, fru-
to trabalhado dum fogo
seu, aceso
das águas,
pela faina das águas.

Um Programa de Homicídio

CARTA DO MORTO POBRE

Bem. Agora que já não me resta qualquer possibilidade de trabalhar-me (oh trabalhar-se! não se concluir nunca!), posso dizer com simpleza a cor da minha morte. Fui sempre o que mastigou a sua língua e a engoliu. O que apagou as manhãs e, à noite, os anúncios luminosos e, no verso, a música, para que apenas a sua carne, sangrenta pisada suja – a sua pobre carne o impusesse ao orgulho dos homens. Fui aquele que preferiu a piedade ao amor, preferiu o ódio ao amor, o amor ao amor. O que se disse: se não é da carne brilhar, qualquer cintilação sua seria fátua; dela é só o apodrecimento e o cansaço. Oh não ultrajes a tua carne, que é tudo! Que ela, polida, não deixará de ser pobre e efêmera. Oh não ridicularizes a tua carne, a nossa imunda carne! A sua música seria a sua humilhação, pois ela, ao ouvir esse falso cantar, saberia compreender: "sou tão abjeta que nem dessa abjeção sou digna". Sim, é no disfarçar que nos banalizamos porque, ao brilhar, todas as cousas são iguais – aniquiladas. Vê o diamante: o brilho é banal, ele é eterno. O eterno é vil! é vil! é vil!
  Porque estou morto é que digo: o apodrecer é sublime e terrível. Há porém os que não apodrecem. Os que traem o único acontecimento maravilhoso de sua existência. Os que, súbito, ao se buscarem, não estão... Esses são os assassinos da beleza, os fracos. Os anjos frustrados, papa-bostas! oh como são pálidos!
  Ouçam: a arte é uma traição. Artistas, ah os artistas! Animaizinhos viciados, vermes dos resíduos, caprichosos e pueris. Eu vos odeio! Como sois ridículos na vossa seriedade cosmética!
  Olhemos os pés do homem.
  As orelhas e os pêlos a crescer nas virilhas. Os jardins do mundo são algo estranho e mortal. O homem é grave. E não canta, senão para morrer.

1

Tempo acumulado nas dobras sórdidas do corpo, linguagem. Meu rosto esplende, remoto, em que ar?, corpo, clarão soterrado!

Calcinação de ossos, o dia!, o escorpião de que o mover-se é brilhos debaixo do pó.

Mar – oh mastigar-se!, fruto enraivecido! – nunca atual, eu sou a matéria de meu duro trabalho.

Queimo no meu corpo o dia. Sob estas roupas estou nu e mortal.

Minhas orelhas e meu ânus são uma ameaça ao teu jardim.

Chego e os gerânios pendentes fulguram. As cousas que estão de bruços voltam para mim o seu rosto inaceitável, e consome as palavras o meu dia de trezentos sóis próximos.

As frutas gastam os teus pés. As árvores que trabalham onde tu não sabes, e sobretudo nos perdidos quintais onde estou morto debaixo das folhas; e a oscilação das marés – mesmo quando dormes – cozinham os céus dos dias, envelhecem as tuas nádegas.

O dia de hoje, este claro edifício que nós todos, os acrobatas, com o auxílio das águas, cegas, e das plantas, vamos construindo, ao sol, dura, duramente – sabemos: ruirá.

Há nas tardes, um instante exato – que os rios precipitam – em que as cidades desabam, sempre; e nos sepultam.

As praias devoram o tempo de tua vida; em sua fímbria acesa, pêndulos, consomem-se os dias e as noites; no mar, o que nos astros brilha, é trabalho. Estamos perdidos.

Contra o solo do sono, te precipitaste, sem baque; o teu desastre, dormidor, foi branco. Acima de teu teto há sol, grasna a crepitação das horas; as altas nuvens que, sem que te impilam, te impelem.

As minhas palavras esperam no subsolo do dia; sobre elas chovera, e sóis bebidos trabalham, sem lume, o seu cerne; tempo mineral, eu as desenterro como quem desenterra os meus ossos, as manhãs calcinadas – carvões!
 queimo-as aqui; e esta fulguração já é nossa, é luz do corpo

construo uma nova solidão para o homem; lugar, como o da flor, mas dele, ferocíssimo!; como o silêncio aceso; a mais nova morte do homem
 construo, com os ossos do mundo, uma armadilha; aprenderás, aqui, que o brilho é vil; aprenderás a mastigar o teu coração, tu mesmo.

2

A lama, a sua cintilação. Os capins explodidos. O fedor da inconsistência. As árvores, os troncos, a casca. A solidão da vida!
 as raízes fendem o chão seco. O chão do planeta, de brilhos. O planeta silencioso. Suspenso como uma pêra. A vegetação, como órgãos. Os homens, como órgãos. O que roça a terrível crosta, a poeira da claridade. Os sóis errantes fazem e desfazem o espaço. As velhas esferas de pó, no vazio de pó, feras, oh combustão, as severas paredes de éter, a infinita, a anuladora coincidência!
 gira gira
 os rios indo Os peixes, a sua desesperante ignorância de tudo. As pedras do chão e as que se levantam em vôo. Em verdade, tudo cai. Os rios nunca passam. O lodo, a mesmice das águas. O nada. Giram giram. O homem de pé. O homem sentado. O homem de costas. Bicho sem apoio! Os pêlos no nariz, as unhas, os pêlos no ânus – crescem. Os delicados testículos. A bunda do homem a severidade da fenda, a sua febre. Os dobrados, intestinos, o seu soturno aéreo trabalho. O homem caminha. É um rio andando. É uma árvore, andando. A lama, andando; sol, andando. O homem é um peixe de cabelos e morte clara. Os pés no chão. O rosto no ar do mundo, no

vácuo conciso, sem tempo, porque onde nada sucede para além do engano. Sabe-se: os cristais brilham no fundo do chão. O silêncio é terra. Chove.

Em Saturno, as primeiras flores descobrem os anéis que os sábios envelheceram. Amanhã, árvores começarão ali um espaço novo, de frutificar. Demorará muito ainda, até que a vida se enfureça e se organize em máquinas autônomas; até que os peixes se desprendam das folhas da água, e se ergam os pássaros dos frutos apodrecidos no chão daquele mundo. Até que se inicie a devoração. Oh, mas já arqueja, como uma égua exausta, o meu pó futuro!

3

Não conte casos, a senhora está velha. As suas mãos secam, os seus dedos, os braços. As unhas, sem brilho, cansaram de crescer. Não finja, não brinque com crianças.

Não esqueça o seu corpo! Os cabelos embranquecem e caem. Os dentes apodrecem e caem. A senhora está gastando, sozinha, como os seus móveis de jacarandá em sua alcova. O seu nariz perde a forma, engrossa, é uma tromba. O rosto apagado (como um sol morto que nunca foi vivo) e enxuto – os olhos rodeados de infinitas pálpebras e melancolias – me lembra o pó o pó o pó irremissível!

A senhora tem quarenta e nove anos, não é? e as suas pernas afinaram e as coxas afinaram; as nádegas, amolecidas na paciente rendição ao urinol cotidiano, as vossas severas nádegas, minha senhora, murcham sob as roupas. Triste cabelo, o que resguarda o seu sexo. Contra quê? Não espere mais, a senhora sabe que já não seria possível.

Comovem-me os seus pés ossudos, velhos de séculos, como os dum galináceo. A senhora é grave, apesar de todos os seus vícios; apesar do *bâton* e do *rouge* tardios e das sobrancelhas tiradas em vão. Apesar da forma ridícula que o corpo ganha e perde no arco do sentar-se.

O silêncio do seu corpo em pé, erguido no ar dos dias, desamparado como uma janela (que em tarde qualquer não estará aberta, nem fechada, em parte alguma do mundo).
       Não saia. Sente-se nesta cadeira. Ou naquela. Olhe o assoalho poeirento, que a senhora há duzentos anos pisa sem ver: olhe a luz nas tábuas, a mesma que incendeia as árvores lá fora. A tarde nas tábuas. Deixe que lhe penetre a densa espera do chão.

4

Tanto o seu estar, rubro e quieto, quanto o meu que se faz e desfaz o ar destas paredes – é queda. Vê-la é dizer-me: sol colhido, resumo de horas atravessadas de aviões e batidas de mar, fechado abismo: oh vertiginoso acúmulo de nadas!
      Maçã? Sirvo-me deste nome como dum caminho para não te tocar, cousa, fera, objeto vermelho e súbito, que o vôo de ignorados meteoros amadurecera num quintal da Europa.
          (o cometa de Halley, enquanto escrevo, inventa e queima o seu curso precípite)

Sim, para não te tocar no que não és: forma e cor aqui, e algo mais que o corpo unicamente sabe, festa, explosão, ameaça a este céu atual. O que duras, no agora que já se desprendeu de nós e se ergue acima deste, é uma exata espera de alegria – precipitável na boca, feito um relâmpago. É que tenho vivido, e por isso quanta distância entre nós!
              Tu sobre a mesa, eu sobre a cama. Só o que não és conheço – e só o que não sou te procura, que o ser não caminha no ar. A palavra te cobre – e debaixo dela estás rutilante como um astro ou um pássaro vivo na mão. Separam-nos, os vícios do corpo e a presença geral do dia. (estas palavras como a tua cor, fruta, são as nossas acrobacias, o nosso pobre jogo. O que somos é escuro, fechado, e está sempre de borco. Falamos, gesticulamos, soluçamos, puerilmente, em torno dele – que não nos

ouve nem nos conhece. O seu rosto (será esplendente? duma dura luz?) não se ergue jamais; no extremo desconhecimento se esfacelará, dobrado contra o seu ventre de terra. O que somos, o ser, que não somos, não ri, não se move, o dorso velhíssimo coberto de poeira; secas, as suas inúmeras asas, que não são para voar, mas para não voar. O que somos não nos ama: quer apenas morrer ferozmente)

5

Vai o animal no campo; ele é o campo como o capim, que é o campo se dando para que haja sempre boi e campo; que campo e boi é o boi andar no campo e comer do sempre novo chão. Vai o boi, árvore que muge, retalho da paisagem em caminho. Deita-se o boi, e rumina, e olha a erva a crescer em redor de seu corpo, para o seu corpo, que cresce para a erva. Levanta-se o boi, é o campo que se ergue em suas patas para andar sobre o seu dorso. E cada fato é já a fabricação de flores que se erguerão do pó dos ossos que a chuva lavará,

quando for tempo.

6

É velho o sol deste mundo; velha, a solidão da palavra, a solidão do objeto; e o chão – o chão onde os pés caminham. Donde o pássaro voa para a árvore.

O Cavalo sem Sede

OS REINOS INIMIGOS

Na luz da tarde eles recomeçam a enterrar o meu rosto
Um céu vertiginoso trabalha, a luminosidade se dilacera

Meu corpo, em suas roupas, tombado feito um clarão entre as flores da terra, que o vento bate Onde ele bate sem som

Eles cavam na claridade e cobrem com o barro escuro os teus cabelos como os teus dentes que brilham Há muitos séculos-pó resisto dentro dessa tarde

As árvores do fundo dobram-se na alucinante devoração daquele fim de tempo As formigas e os ratos me espiam debaixo das ásperas primaveras Os homens falavam, mas a sua fala estava morta, a palavra caía nas gramas do chão,
onde se firmam os pés dos que amaldiçoam o morto que eras, o rutilante morto que eras

OS JOGADORES DE DAMA

Se te voltas, a verdura esplende O rosto dos homens se perdeu no chão das ruas Dura, nas folhas, o sol sem tempo

Voa com o pássaro a solidão do seu corpo Somos arames estendidos no ar de um pátio que ninguém visita Vamos, o que sempre há, e não cessa, é o tempo soprando no tempo A orelha dobrada sobre o som do mundo ninguém sabe em que território de fogo e sob que nuvens os homens arquejam e pendem entre os clarões da poeira um rosto dourado e cego

nem em que tarde das tardes as derradeiras aves desceram para a terra e um vento desfez seu corpo!

Um abutre no ar violento do quarto; árvores acesas numa trepidação de céus velozes; escancarada a azul boca de fera; o frango ciscava o chão do planeta; ai, vôo de clarões rápidos, e grita no ferro o pó das mortes, – oh tardes do mundo!, os séculos soprando por cima de meu telhado!, a guerra do homem, os pés como relâmpagos, o homem dobrado sobre o homem, eu devorava o meu estômago.

quando espanquei o garoto ossudo, ele virou um pássaro e acometeu-me; peguei-o na invenção do vôo e o estrangulei; fugi; adiante, ele me esperava, sorridente, o pássaro!; saltei sobre o seu corpo de assombro e meus pés o despedaçaram; não ventava naquela rua; fugi; os cavalos erguiam e baixavam o pescoço veloz; clamam os vãos do pavor; os ramos cresciam e secavam vertiginosamente; a rapidez das rosas me atordoava, eu cambaleava, os homens surgiam e se apagavam, rápidos, como buracos no ar; os dias se espedaçando feito bólidos contra a minha forma soluçante; e o pássaro reaparecia no início das distâncias, correndo velocíssimo num monocípede; já o corpo se fende, entro na minha cidade, siga, pare, os frangos, pare, pare, onde fora meu quarto, de ar, e bilhas, ai!, só floresce a pura ossada de minha avó, meus pés de garras precipitam-se nos vácuos, roda a cabeça sob os passos, o joelho se esgarça, me fujo-me num definitivo assovio sobre o envelhecimento dos sistemas!: fiiiiiiiiiiiiiiiiiiiii

Agora quis descer, e não havia chão; ou descer seria subir? Mas o espaço se perdia sem margem, sempre. Ela, a águia, era o centro. Se se movesse para o alto de si, para baixo de si, ainda seria o centro. Sou o centro, pensava já com certo orgulho, o pássaro. Mas se deu a voar numa só direção, no esbanjamento de seu privilégio. E a sua minúscula figura em marcha assinalava, sempre, uma referência entre um mesmo ponto do vazio e outro qualquer que não se quisesse. Depois, a necessidade de pousar cresceu como um olho de obsessão em seu corpo. E não havia terra. Apenas o ar. O ar, que só era um abismo porque ela estava ali. Voava, e o movimento das asas moía-lhe as articulações. Ela, a águia, sabia (não sabia por quê) que uma águia em vôo não deve fechar as asas, e por isso, talvez, gemia e continuava. Agora, o sangue, descendo-lhe das axilas, ensopava-lhe a plumagem do peito. Mas a águia não parou. Não parou nunca (nunca, nunca, etc.). Nem depois que seu corpo começou a rodar, precipitado. Ninguém dirá quando veio a morte. É certo, porém, que ela não teve a alegria de uma última descoberta. Mas vós tereis: ela caía na mesma direção de seu vôo, como se o continuasse.

OS DA TERRA

A claridade destruiu os cavalos neste chão de evidências; as velhas caem das folhas, com os seus dentes, numa vacilação de ar; duas formas, sentadas, falam do tempo do corpo; "os que cavam ferem a terra e a luz"; mas anda o espaço, o campo de pura mecânica; "esta brisa que, amanhã, derrubou as janelas, ontem voltará, sem que te vejas"; colhe-se a futura cor, com mão de agora.

Vieste, Harry, Joe ou John, e apoiavas o braço na cerca do curral, olhando o vôo da poeira requeimada. Homens, bois, habitantes do Texas – pensaste? Foi num dia de tua vida, Harry.

Na manhã de um século, seis homens louros riram num bar da Alemanha. As janelas estavam abertas. Ah, eles rolaram de borco sobre as estações!

Os seres riem num espaço de luzes concisas; é a festa do escuro

real convívio dos legumes; a água cresce na verdura; o agrado da morte, sorridente, pelo contorno das folhas

a vegetação apagou minha boca violenta; o vento é uma planta da terra, começa a meu lado; arr! destroça as cores em que se apóia o verão!

o som dos pés; as risadas debaixo das águas; os vôos; o brilho de nossos braços – oh verdades de uma luz que foge nas acácias!

O ABISMO DA VERDURA

Já na grama atual, é verde a luz destes cabelos, o brilho das unhas; vegetal, o pequeno sol do sorriso. Nada reterá a figura do corpo, que só a palavra, o seu secreto clarão, ilumina; ou a alegria do exercício.

Movo-me, aqui; mas, largado, resseco num deserto que a pura luz dos barulhos edifica; onde o azul é faminto, céu contumaz, descido nos meus pés como um corvo.

Aqui sentou-se o som, o opaco, som; aqui? lugar de vento!; e a luz sentada, a luz!; tempo mais ar mais ar e ar e ar; aqui, tempo sentado; não sopra, não, me escondo, a cor me gasta.

Varre, varre, não disseste, varre, e dentro dos olhos, onde a morte se inveja; e o medo menor que fende a nuca – vacilas, cravejado, sobre instantâneo chão feérico; varre, mas a nossa pele já se estende, velha, entre um campo áspero de esferas.

Deixa, os velhos soldados já estão secos, eles só ouvem o vento que rola pelos seus dedos vazios Está no último aposento, com a sua perna; os degraus pesados de sono, o papagaio

– alguns se desprendem desta muralha, e já o escuro vela um trecho seu, ilumina o interior dos ossos

Sob um dia que jorra a um mesmo canto da chácara, o teu pescoço desce pelo duro silêncio, e some dentro do chão

Agora é aquela boca de açúcar, na treva,
lá, lá!

eu habitante do vento
eu vento de vento
    vento exvento

eu voz batida batida
batida

        Tortes Tortes
        não deixes o escuro das pedras

        Tortes
        funde o queixo no tempo

        Tortes
        vento vento vento

As Revelações Espúrias

CARTA AO INVENTOR DA RODA

O teu nome está inscrito na parte mais úmida de meus testículos suados; inventor, pretensioso jogral dum tempo de riqueza e providências ocultas, cuspo diariamente em tua enorme e curiosa mão aberta no ar de sempres ontens hojeficados pela hipocrisia das máculas vinculadas aos artelhos de alguns plantígrados sem denodo. Inventor, vê, a tua vaidade vem moendo meus ossos há oitocentos bilhões de sóis iguais-desiguais, queimando as duas unhas dos mínimos obscurecidos pela antipatia da proporção inelutável. Inventor da roda, louvado a cada instante, nos laboratórios de Harvard, nas ruas de toda cidade, no soar dos telefones, eu te amaldiçôo, e principalmente porque não creio em maldições. Vem cá, puto, comedor de aranhas e búzios homossexuais, olha como todos os tristíssimos grãos de meu cérebro estão amassados pelo teu gesto esquecido na sucessão parada, que até hoje tua mão desce sobre a madeira sem forma, no cerne da qual todas as mecânicas espreitavam a liberdade que viria de tua vaidade. Pois bem, tu inventaste o ressecamento precoce de minhas afinidades sexuais, de minhas probabilidades inorgânicas, de meus apetites pulverulentos; tu, sacana, cuja mão pariu toda a inquietação que hoje absorve o reino da impossibilidade visual, tu, vira-bosta, abana-cu, tu preparavas aquela manhã, diante de árvores e um sol sem aviso, todo este nefasto maquinismo sevicioso, que rói meu fêmur como uma broca que serra meu tórax num alarma nasal de oficinas de madeira. Eu estou soluçando neste edifício vastíssimo, estou frio e claro, estou fixo como o rosto de Praxíteles entre as emanações da ginástica corruptiva e emancipadora das obliterações documentárias. Eu estou, porque tu vieste, e talhaste duma coxa de tua mãe a roda que ainda roda e esmaga a tua própria cabeça multiplicada na inconformidade vulcânica das engomadeiras e dos divergentes políticos em noites de parricídio. Não te esquecerei jamais, perdigoto, quando me cuspiste o ânus obliterado, e aquele sabor de alho desceu vertiginosamente até as articulações motoras dos passos desfeitos definitivamente pela comiseração dos planetóides ubíquos. Agora estou aqui, eu, roda que talhaste, e que agora te talha e te retalha em todos os açougues de Gênova, e a tua grave ossada ficará à beira dum mar sujo e ignorado, lambido de dia ou de noite pelas ondulações dum mesmo tempo increscido; tua caveira acesa diante dos vendilhões será conduzida em pompa pelos morcegos de Saint-Germain-des-Prés. Os teus dentes, odioso berne deste planeta incorrigível, serão utilizados pelos hermafroditas sem amigos e pelas moças fogosíssimas que às duas da manhã, após toda a sorte de masturbação, enterram na vagina irritada e ingênua os teus queixais, caninos, incisivos, molares, todos, numa saudação à tua memória inexorável.

CARTA DE AMOR
AO MEU INIMIGO MAIS PRÓXIMO

espero-te entre os dois postes acesos entre os dois apagados naquela rua onde chove ininterruptamente há tempo; procuro tua mão descarnada e beijo-a, o seu pêlo roça os meus lábios sujeitados a todos os palimpsestos egípcios; cruzas o mesmo vôo fixado num velho espaço onde as aves descoram e o vento seca retorcido pelo grave ecoar das quedas capilares; apalpo o teu cotovelo entediado, amor, teu cotovelo roído pelo mesmo ar onde os olhares se endurecem pela cicatrização das referências ambíguas, pela recuperação das audácias, pelas onomatopéias das essências; amor!, vens, cada sono, com tuas quatrocentas asas e apenas um pé, pousas na balaustrada que se ergue, como uma pirâmide ou um frango perfeito, do meu ombro à minha orelha direita, e cantas:

> ei, ei, grato é o pernilongo aos
> corredores desfeitos
> ei, ei Ramsés, Ramsés brinca com
> chatos seculares

bem, quero que me encontres esta noite na Lagoa Rodrigo de Freitas, no momento exato em que os novos peixes conheçam a água como não conheces jamais o ar nem nada, nada. Iremos, os dois, como um gafanhoto e um garfo de prata, fazer o percurso que nasce e morre de cada pé a cada marca, na terra vermelha dos delitos, queridinho!

THE SKY ABOVE US

Ranara, serpente branca, pão de monge, te enrosca entre as colunatas da fome. Ranara, Ranara, estamos deitados sem campo, para que regresses irrisória da pureza de meus abismos. Quando estiveste em Buenos Aires, quem descompôs teu costumeiro desleixo? Atacaremos os aviões e as vastas fortalezas de nêutron. A cabeça de Murilo, incendiada pelos passos da incauta constelação de ódios, espiralava na quietude de nefasto procurador de colheitas. Os elefantezinhos pastavam a frágil carícia que o teu vagar lhes oferecia. Mas quem, quem, quem? A cada instante descobrimentos de números, antecipados pela raiz mesma de nossa desprezível condição, superam em ternura toda e qualquer destilação não solicitada. De pedras fizemos as duas ruínas do temário de Ranara. De pedra fizemos as inúmeras fomes que assolavam estas mesmas oscilações de nadas. De pedras fizemos as pedras e a carne de nossas únicas devastações. Estaremos ao lado do primeiro que reinventar a sombra. Não te lamentes a vida inteira neste minuto conservado sem gastronomia ou baixeza. O lado direito, o lado esquerdo, ambíguos e simétricos em sua infinita diversidade, eles são teus. Que as linhas se curvam e nos desfazem, que as linhas reencontram a afetividade de nosso contra-senso, é certo. Todavia, não esperamos umas mesmas ofensas, nem mesmo que dois pontos no negro guardem para o futuro, que os eunucos campeiam, a idêntica e ridícula proporção do nosso nariz roçado de olho.

DENÚNCIA AO COMISSÁRIO DE BORDO

creia-me, senhor, já não resistiremos a esta sede, este calor, esta mesma repercussão implacável. Se a culpa não é vossa, peça aos acmes que se recusem à participação nos festejos, peça aos jurados que devolvam a aresta do pêndulo, peça, rogue, suplique a todos os íntimos representantes da crença que renunciem à polivalência dos recônditos afazeres de Jório. Faça o que quiser, mas entregue ao mais novo de nós o seu íntegro cortejador de cardúcias. Como julga o amigo que subsistiremos sem a cooperação desse coordenador das dolorosas intromissões que ocorrem sem alarme entre o nosso tão abrigado consolo? Não, não. Não e não; trate de rever as porciúnculas; cuide de nossas obsoletas dosagens, de tudo o que não se encontraria noutro lugar que neste, neste que nós fazemos para o fastio de antigas gerações de gamos. Até as duas horas de hoje, aguardamos as conseqüências de meu silêncio em face do gordíssimo unificador dos hormônios. Até as duas de hoje. A nós não importa nem a desfalência dos mórbidos estruturadores dum contra-senso, nem tampouco o nenhum tamanho que ostentam à distância esses estupradores de Conselho. O certo é que as novas modorras esgotam a providência esfacelada no ápice deste mesmo controle. Não pretenda se refugiar entre os conventos de Ródia; não julgue que qualquer de nós é capaz do menos desconjuntado desvio, do acesso encontradiço nos pilares da dispnéia. Acorremos pelas dentaduras, defloraremos a estância das consternações impedidas, nós, nós, jamais serraremos a parca inconveniência do tédio. Nem sei mais o que lhe jure diante de tão pouca expectativa. Prefiro que as mônicas algemas esqueçam que eu sempre estive cosido à parte mais obscura dos assuntos. Asperje toda a ruína sobre o ombro de Cadmo, cumpra com o seu direito. Se amanhã as novas encomendas violarem este pacto de audácia, recorreremos, sem dúvida, à dura assolação desta irreconhecível paisagem. Adeus. Aceite a improfícua desmoralização de toda posteridade conturbada.

FALSAS CONFIDÊNCIAS
A UM COFRE DE TERRA
APREENDIDO EM OKLMA

Todo o povo de Oklma te fez sob a defecção das injúrias dos atavios do ócio: todo o povo guerreiro dos pacíficos oleiros, dos enfermados glutões de Hiroxima, Oklma, esculpidíssimo, porto de arsênicos disfarçados em omoplatas; te digo: as corças já estavam deitadas dentro do sono, os faraós espreitavam mansamente a incongruência dos anódinos, as carrocerias de chumbo abalavam todo o sustentáculo dos progressos sem persecução; fugimos demasiado desfeitos para o recanto, e apenas durante aquele estágio eu só, eu só, eu, contrapus todas as pediatrias e ergui em face das dissoluções desleixadas um grande vômito de esperma. No dia seguinte não restava outra forma de apoio senão a perda e a fenda das dispepsias em que outrora meus avós mergulhavam a contravenção dos infaustos. Perdi-me na tarde em que soprava muito vento, soprava muito muito muito vento entre as galhadas de Ártemis. Depois os autos, que conservei intactos até a hora extrema quando os ossos apagados começaram a desvendar a fonética duma tradição virulenta. Murtinho, Murtinho, devemos roçar bem bem o nosso único olho nas enrijecidas páginas de minha compostura. Mas não é só. Entre os talhadores de pedras, sob o grande musgo de famas, debaixo daquela mesma fulguração em que se apagaram os périplos de Wagner, as peripécias de Augusto, ai, ai, já não seria possível encontrares, entre as escavações bem-sucedidas, mais que a marca delinqüente de tua própria efervescência de graal. Não renunciaremos a nada, não nos declararemos infensos às cordiais cercanias do medo, não denunciaremos, ah isso nunca, não debateremos a ingratidão dos passados. Fecharam-me, então, no mais raso dos abismos da moda, grudaram minhas orelhas à parte mais distante de meu ser desfraldada nas últimas instâncias do globo. Agora desfaço-me de tudo: agora, desfaço-me de minha mais antiga documentação, perco-me definitivamente entre as sucessividades dos madeirames opressos nas tempestuosas viagens do mundo; não, não me peças qualquer cousa que não seja própria de minha inconsistente declaração de princípios; gostaria que não me exortasses à menor das comentações, ao menos estúpido dos debates entre as pobres e indefesas iniciadoras de nossa crosta. Mas que outra seria maior e endurecida, senão pelo contato do corpo? sim, dize-me, quem nos poderia agora recompor a desfaçatez das concórdias a que te havias sujeitado? quem para reiniciar a mesma dificuldade dos pregos, a mesma oposição sem contrários, a mesmíssima reconstrução do combate? Tua resposta que vem, que vem sempre, não satisfaria a milésima parte de meu absurdo contendor. Bem, eu te proponho a seguinte blasfêmia: judicaremos os contrafortes menos lícitos, roeremos diariamente as égides do tempo, dissolveremos, sem nenhuma piedade, a incursão dos pósteros, os seus calcanhares argutos, e pronto, tudo o que reste ainda não servirá sequer para um almoço com o presidente da ONU num transatlântico de osso. Foi entre as últimas palavras do argonauta que nos aborrecemos de nossas próprias madeixas, nos esquecemos de cada antes começado sem suspeita nos meus antigos sapatos na chuva; qual o meu porte? roço a mais difícil das defesas do homem; detenho apenas um infecto conforto de imobilidades refratárias; não sirvo, não é isso? Não temas, porém, que eu jamais me enfureço contra as penalidades abstrusas. Todo o meu respeito se insere em duas gramas de bióxido de cálcio dissolvidas em vinho, manipulação proveniente deste meu único estado onde as condensações se oprimem como um corpo deitado sobre sua própria facilidade de nojo. Governamos o anterior espaço das catástrofes unívocas; nosso antigo porte guarda sem relutância a sombria escapatória dos bárbaros; oleamos os braços, diremos duzentos séculos uma mesma palavra confusa, que derrubará as armaduras do cúmulo; minha espada se recordou de meu passo, agora nada é possível renascer entre esta estreita margem e o tenebroso conluio dos aspérrimos conservadores; eu por mim não desfaleço, eu por mim não desloco nem aquilo que dividiria a contribuição dos Institutos para um lado sem pajem, ou nas idênticas ondas em que todas as pessoas se entregam a um mesmo desvario conhecido de seu próprio futuro. Eu por mim te peço: me deixa.

MACHADO: quanto minuto curtíssimo se desprende do teu paletó desusado? zado?
amanhã estaremos emborcados contra o susto de toda herança, de toda. amanhã... deixa.
os que se sentam entre as unívocas reclamações populares, esses estarão sempre cobertos de teia e mel. Nós, porém, nós, que não somos nem esse pronome progome profone, nem, nós deixamos que tudo se suceda e nos suma num grave passo de nada
se te perguntarem onde está meu corpo, diz: ah, o corpo dele não está em nenhuma parte que eu possa enunciar. Ai, deixem o corpo dele.
não fales entre as águas se o tempo te acedia. perfura a tua própria nódoa, come o teu próprio limbo, desce, desce, desce, que a espera do fundo é sempre uma anedota do dia.
onde te enterram diariamente, meu amigo? onde me enterram, sem mim, onde? quem desvenda sem amor o meu rosto tão duro, tão duro quando a luz o alcança?
dizem que a
minha perfeita
forma é a de-
negação dos
cruzados. di-
zem que tudo
que resto, em
mim, é uma
mera estatís-
tica incongru-
ente, dizem, tu-
do dizem, eles

nasceram para
falar. para con-
tar histórias,
para comentar
a cor de cada
fato sem cor.
Ouçamo-los
com tédio
somos pouco mais de dois terços de nós a caminho do campo morto.
Somos muito mais que as hostes de Brad, dos contempladores do frio,
somos uma vaga promessa de regresso sem contorno. As humilhações
do tempo, as estúpidas reconsiderações no solo, nada, nadanada, nada.
Nada nos salvará de nossa força. Estou sentado numa raiz à sombra e
um rato come o meu dedo mínimo e sorri. Ele pensa que eu não reparo
no seu roubo. Pobre rato, que rói seu próprio dedo mínimo e sorri de
não saber que não sabe que ele se vê roendo a si mesmo, à sombra.
Ainda bem que é à sombra, essa sombra que é ardente e terrível, que
queima os ossos e nunca a pele.
     amanhã amanheceremos a teu lado
direito, vestidos de fraque e cartola negra. Seremos uns vinte, com a
mesma cara a mesma voz. Nosso riso porém é o mesmo. Chegaremos
e beijaremos a tua fria mão, irmão, te bateremos o rosto, comeremos
os cabelos, te diremos sem dor: cada vento que chega já morreu entre
os beiços da múmia. Ama, ama o sinal de queda, porque ele se
desmente para reverter na infinitude dos píncaros de branca de-
vassidão.
     quando te cansares de tudo, olha a tua mão e te diz: estou
cansado de tudo. Só quando já nem tua mão, nem teu cansaço
existirem, aí então, então sim.
     aí nada. Ri, meu besta. tira teu braço e lambe-o, lambe-o,
lambe-o!!!

Gullar gularratgfitunb girjwmxy

OS OSSOS DO SOLUÇO

Cidades, cidades, portas de minha irreverência; estou adormecido em pé, o corpo sobre o teu ombro do mais velho ar; já não soa o pé da moça no cálcio; freme a oscilação na armadura, vento, época, algo avança pelas fendas; e este chão? Este – chão de que meu braço é fim de vôo! Quéops sorri entre as omoplatas, Quéops, jovem, de costas para nós, despe-se do concílio das águas; então, contornaremos a grande face entre as pedras; falam, debaixo, debaixo, rente a minha espada esculpida em cal. Começará a ventar de meu ombro tiahuanaco; curva pura, os que te guardam, o braço e a lança, perfeitos no limiar do pó. Ajunta, ajunta o que se quebra, quando eu caminho.

O SOLUÇO, A IMPERSISTÊNCIA DE QUÉOPS

A luz clama, o conluio de pedras, e te dessecaste no carbono destes sons gretados; deslizava entre a escura devassidão dos ônleos, toda a corte simplória e encarniçada, cuja história já teria sido contada sem nenhum regresso à consecução dos sentidos. Era, dizia-se, a própria ausência das paragens, despida onde os nossos recursos se fundem numa múltipla decepção biológica. Te arrastaram por ali, num alagado de solstícios escuros, e a aventura dos ossos não encontrava outro apoio: só o desconcerto destas planícies encurvadas sobre a nova insolação, e o curso.

A Fala

As crianças riem no esplendor das frutas, Vina,
o sol é alegre.
Esta estrada, esta estrada de terra
onde as velhas sem teto se transformam em aves. O sol
é alegre.
Fala-me da ciência. O hálito maduro
em que as folhas crescem donas de sua morte.

Vina, as hortaliças não falam. Me curvo sobre nós
e as minhas asas tocam o teto.
Aonde não chega o amor e o sábado é mais pobre,
lá, ciscamos estes séculos.
Os meus olhos, sábios, sorriem-me de entre as pedras.
Prossegue, eu te escuto, chão, usar a minha língua.
Vejo os teus dentes e o seu brilho. A terra, dizes,
a terra. Prossegue.

Falemos alto. Os peixes ignoram as estações e nadam.
Nós, caminhamos entre as árvores. Quando é verão, os druidas,
curvados, recolhem as ervas novas.
Falemos alto,
os milagres são poucos.
As águas refletem os cabelos, as blusas dos viajantes.
Os risos, claros, detrás do ar. Os pássaros voam em silêncio.

Não te posso dizer: 'vamos' – senão por aqui.
A infância dentro da luz dum musgo que os bichos
comem com a sua boca.
Eu ouço o mar; sopro, caminho na folhagem.
Mirar-nos límpidos no susto das águas escondidas!,
a alegria debaixo das palavras.

O culto do sol perdeu os homens; os restos de suas asas
rolam nestas estradas por onde vamos ainda.
Aqui é o chão, o nosso. No alto ar as esfinges sorriem.
Seus vastos pés de pedra, entre as flores.

Sopra, velho sopro de fé, vento das épocas
comedor de alfabetos, come o perfil dos mitos, vento
grande rato do ar eriçado de fomes,
                                      galopa

Esta linguagem não canta e não voa,
não voa,
o brilho baixo;
filha deste chão, vento que dele se ergue
em suas asas de terra.
Aqui, a pouca luz,
ganha a um sol fechado, soluça.

Sopra no coração o sol das folhas, Vina,
é verão nas minhas palavras.

Maduras, movem-se
as águas, fervilhando de rostos.
E me iluminam um lado no silêncio
para onde as cousas estão extremamente voltadas.

O teu mais velho canto,
arrastado com sol, varrido
no coração das épocas,
eu o recolho, agora, de entre estas pedras, queimado.

           Tua boca, real,
clareia os campos que perdemos.
Eu jazo detrás da casa, aonde já ninguém vai
(onde a mitologia sopra, perdida dos homens,
entre flores pobres).

Fora, é o jardim, o sol – o nosso reino.
Sob a fresca linguagem, porém,
dentro de suas folhas mais fechadas,
a cabeça, os chavelhos reais de lúcifer,
esse diurno.

Assim é o trabalho. Onde a luz da palavra
torna à sua fonte,
detrás, detrás do amor,
ergue-se para a morte, o rosto.

Um fogo sem clarão queima os frutos
neste campo. Onde a vegetação não ri.

Cavamos a palavra. Sob o seu lustro
a cal; e cavamos a cal.

Onde iorrara a fonte, as pedras
secas. Onda jorrara
a fonte, jorrara a fonte.

Aqui jorrara a fonte.

Um fogo sem clarão cria os frutos deste campo.

Isto é a poeira florindo
sem rumor e sem milagre. A poeira
florindo o seu milagre.
Isto é um verão se erguendo
com as suas folhas e o seu sol.
        Duma garganta clara,
o mar (um verão)
se erguendo sem barulho.

Numa altura do ar,
esplendentes,
as frutas.
        Aonde não chega a fome, a nossa
fome, nos mostro:
                as frutas!

Onde jorrara a fonte, jorrara
a fome. Onde jorrara
a morte, jorrara
a fonte. Aqui,
jorrara a fonte.

Aqui, onde jorrara
a morte, a água sorria
livre; a primavera
brilhava nos meus dentes.

Onde jorrando a morte, a fome vinha
e a boca apodrecia bem seu hálito;
e no hálito as rosas
desta fonte; e nas rosas
a morte desta fome.

As frutas sem morte
não as comemos.
   Essas
que uma outra fome, clara,
segura.
   Essas
suspensas lá onde o silêncio,
não bem como uma árvore
de vidro,
   frutifica.

Ouve jorrar a morte
no teu riso, a alegria
queimando a vida;
os teus bichos domésticos,
as flores infernais
a rebentar dos passos.

Agora, eu te falo duma água
que não te molha a mão
nem reflete
o teu rosto causal.

O odor
do corpo é impuro,
mas é preciso amá-lo.
Nenhum outro sol me clareia,
senão esse, mortal
como um pássaro,
que meu trabalho acende
desse odor.

E é assim que a alegria constrói,
dentro de minha boca,
o seu cristal difícil.

Movimento – tão pouco é o ar,
tão muito o tempo falho
nesse ar.

Fala: movimento... a fala
acende da poeira. Gira
o cone do ar, as velhas forças
movendo a luz

Move, que é onde se apóia
o vértice do pó.
Roda a mecânica esquecida
e, resguardado, o trigo
– o silêncio extremo
acossado de sóis.

As cavernas jamais tocadas
vibram.

Apagado o hálito,
onde seguras
o teu vivo brilho?

Trigo, trigais
comidos. Rebenta
no ouro a espiga.
O nosso pão vacila
mas a tua língua é feliz.

O mito nos apura
em seus cristais.

Os ventos que enterramos
não nos deixam.
Estão nos castigando
com seu escuro fogo.

A altura em que queimamos
o sono
estabelece o nosso inferno
e as nossas armas.

    Chão verbal,
campos de sóis pulverizados.
As asas da vida aqui se desfazem
e mais puras regressam.

O mar lapida os trabalhos
de sua solidão

A palavra erguida
vigia
acima das fomes
o terreno ganho.

Flores diurnas, minhas feras,
estas são as máquinas do vôo.
A pele do corpo
se incendeia
em vosso inferno verdadeiro.

Eu te violento, chão da vida,
garganta de meu dia.
Em tua áspera luz
governo o meu canto.

Sobre a poeira dos abraços
construo meu rosto

Entre a mão e o que ela fere
o pueril sopra seu fogo

Oficina impiedosa!
Minha alquimia
é real

Na minha irascível pátria
o perfume
           queima a polpa

Nos fundos lagos o dia move
seus carvões enfurecidos

O silêncio sustenta caules
em que o perigo gorjeia.

As rosas que eu colho
não são essas, frementes
na iluminação da manhã;
são, se as colho, as dum jardim contrário,
nascido desses, vossos, de sua terrosa
raiz, mas crescido inverso
como a imagem nágua;
aonde não chegam os pássaros
com o seu roubo, no exasperado coração da terra,
floresce, tigre, isento de odor.

Aranha,
como árvore, engendra na sombra
a sua festa, seu vôo qualquer.
Velhos sóis que a folhagem bebeu,
luz, poeira
agora, tecida no escuro. Alto abandono
em que os frutos alvorecem,
e rompem!

Mas não se exale a madurez
desse tempo: e role o ouro, escravo,
no chão,
para que o que é canto se redima sem ajuda.

O QUARTEL

Dia claro e quente, quase híspido. O comandante vê pela janela sem persianas a cordilheira que se perde escamosa num horizonte de claridades. O comandante é um homem, fuma; um vento descontínuo mexe sem conseqüência os papéis de sua mesa. Lá embaixo, no pátio, outro homem, este em roupas de trabalho, varre; dois outros, de calção azul e sapato de tênis, jogam basquetebol.

O ARSENAL

A ferrugem abre suas flores,
é uma sinistra botânica;
e as abelhas vêm,
filhas do ar frio.
Certos pássaros descem
neste campo de armas
que os heróis espiam.
Quem aproveita
o arroz
daquele aço?

Coronel,
um arsenal disponível
guerreia sempre.

A SENTINELA

As galinhas
abandonam seus vôos
na terra da tarde

Que é que eu defendo
em abril?
   O apuro
das éguas?
     o vento que,
no pátio,
envilece os heróis
      ou
a pobreza destes dias
militares?

A BAIONETA

Defendo
a fome que
no aço come;
a felicidade
do verão nas armas;
e, sobretudo, uma
mentira:
para os que não amam
o comércio
nem o cultivo
de cerejas
nem os riscos
da avicultura.

O CORNETEIRO

O meu toque
ergue
muros reais

O HERÓI

Ele amadurece
alhures
certas frutas;
fende seu açúcar.

O CORNETEIRO

O meu toque
é palha,
as traças o espreitam.

O HERÓI

Que ele seja palha
mas seja toque!

O CORNETEIRO
O meu toque é traça,
palha que se espreita.

UMA PULGA
O teu toque é traço.

O CORNETEIRO
O meu toque é traço,
letra, sol fictício.

OUTRA PULGA
O meu toque é troça
truque traque.

O CORNETEIRO
Ele é o pássaro
cujo vôo, sozinho
se alça
e o pássaro fica.

O HERÓI
Vida, sabes a urina,
neste obsceno claustro.

A SENTINELA
Grama, teu verde
fogo
ainda queimará meus olhos,
quando eu durma.

Uma luz de fim de tarde deita seu pó sobre as cousas deste pátio. Um fio azul de fumaça escapa da janela do comandante, perde-se. O anoitecer é por toda parte um grande serviço. Distante, e sobre tudo, ergue-se o canto dum galo. Ele canta em algum quintal perfumado de ervas. O silêncio se restabelece e, dentro de sua esfera, vem crescendo uma zoada grave e banal: um pelotão de recrutas exercita-se em torno do campo de esportes, vazio agora.

Cerne claro, cousa
aberta;
na paz da tarde ateia, bran-
co,
o seu incêndio.

há os trabalhos e (há) um sono inicial, há os trabalhos e um sono
inicial
   SONO
   há os trabalhos e um sono inicial, HÁ,
   zostrabalhosehàzumsonoinicial

cristais da
   ORDEM,
tresmalham.
        Não te pergunto: espio,
máquina extrema!
            canto canto. Po-
            bre
            língua. Onde os
            sóis da paz?

AS
MORTALHAS DE RAIVA ACESAS NAS ESTRADAS, po-
bre
língua!, viva;
canto canto-pó.

       Nos dar as chamas dum

       exato vácuo

       VOCABULAR.

ROÇZEIRAL

    Au sôflu i luz ta pom-
       pa inova'
          orbita
              FUROR
              tô bicho
              'scuro fo-
              go
                 Rra

UILÁN
UILÁN,
      lavram z'olhares, flamas!
CRESPITAM GÂNGLES RÔ MASUAF
                         Rhra

Rozal, ROÇAL
l'ancêndio Mino-
        Mina TAURUS
MINÔS rhes chãns
          sur ma parole –
                 ÇAR

          ENFERNO
          LUÍZNEM
          E ÔS SÓES
          LÔ CORPE
          INFENSOS
          Ra
          CI VERDES
          NASCI DO
          CÔFO

FORLHAGEM, fo-
lhargem
     q'abertas
ffugas acêças

      GUERRAS
dê pomos –
pomares riste
MON FRÈRE MA FRÊLE –
te roubo o roubo
    CÃO das Haspéridas

Dê seque peles
perseques rijes
curraçanádus
pur flór
    oblófs!

     LO MINÇA GARNE
     Mma!
         Ra tetti mMá

Mu gargântu
FU burge
MU guêlu, Mu
Tempu – PULCI

    MU
    LUISNADO
    VU
    GRESLE RRA
    Rra Rra
    GRESLE
        RRA

I ZUS FRUTO DU
DUZO FOGUARÉO
    DOS OSSOS DUS
    DIURNO
        RRRA

MU MAÇÃ N'ÃFERN

TÉRRE VerroNAZO

OASTROS FÓSSEIS
SOLEILS FOSSILES
MAÇÃS Ô TÉRRES
PALAVRA STÊRCÃ
DEOSES SOLERTES PA-
LAVRA ADZENDA PA-
LAVRA POÉNDZO PA-
LARVA NÚ-
MERO FÓSSEIL
LE SOLÉLIE PÓe
ÉL FOSSIL PERFUME
LUM EM LUNNENi
L U Z Z E N M

LA PACIÊNÇA TRA-
VALHA
    LUZNEM

5.4.53

O INFERNO
começa pelo olho, mas em breve é tudo. Uma poeira que cai ou rebenta nas superfícies. Se tivesse a certeza de que ao fim destas palavras meu corpo rolasse fulminado, eu faria delas o que elas devem ser, eu as conduziria a sua última ignição, eu concluiria o ciclo de seu tempo, levaria ao fim o impulso inicial estagnado nesta aridez utilitária em cujo púcaro as forças se destroem. Ou não faria. Não faria: uma vileza inata a meu ser trai em seu fulcro todo movimento para fora de *mim*: porque este é um tempo meu, e eu sou a fome e o alimento de meu cansaço: e eu sou esse cansaço comendo o meu peito. Porque eu sou só o clarão dessa carnificina, o halo desse espetáculo da idéia. Sou a força contra essa imobilidade e o fogo obscuro minando com a sua língua a fonte dessa força. Estamos no reino da palavra, e tudo que aqui sopra é verbo, e uma solidão irremissível,

>INFERNO
>a fascinação se exerce
>sobre a minha vida. Exerce
>como a foice decepa
>como um arado rompendo a extensão do silêncio
>sexualizado.

>Não creio que tu sejas menos que este feixe de
>contradições: os demônios fugiram,
>mas o fedor de seu hábito, o perfume
>de sua imaginação, a catinga real dos
>ventos intestinais
>restam sobre tudo aqui, penetrados em tudo aqui
>até o cerne.
>Mas, no meu corpo,

sustento a consistência dos tecidos, estais presentes,
com vosso odor caprino cáprico cálito
Numeral.

MAS EU, NÃO OUTRO, E MINHA LINGUAGEM É A REPRESENTAÇÃO
DUMA DISCÓRDIA
ENTRE O QUE QUERO E A RESISTÊNCIA DO CORPO.
E SE É NO ÓDIO QUE ELA MELHOR SE ACENDE,
O ÓDIO NÃO DURA, E A SUA LUZ SE PERDE OUTRA
NUM RASTILHO SUICIDA

    LUTEI PARA TE LIBERTAR
    eu-LÍNGUA,
        MAS EU SOU A FORÇA E
    A CONTRA-FORÇA,
        MAS EU NÃO SOU A FORÇA
    E NEM A CONTRA-FORÇA
E É QUE NUNCA ME VI NEM ME SEI QUALQUER RESÍDUO
PARA ALÉM DUM FECHADO GESTO DE AR ARDENTE
    QUEIMANDO A LINGUAGEM EM
    SEU COMEÇO
    PORQUE HÁ O QUE FLORESCE ENTRE
    MEUS PÉS E O QUE REBENTA
NUM CHÃO DE EXTREMO DESCONHECIMENTO.
PORQUE HÁ FRUTOS ENDURECENDO A CARNE JUNTO
AO MAR DAS PALAVRAS. E HÁ UM HOMEM PERDENDO-SE
    DO FOGO E HÁ UM HOMEM CRESCIDO
    PARA O FOGO
E QUE SE QUEIMA
SÓ NOS FALSOS E ESCASSOS INCÊNDIOS DA SINTAXE.
OH QUE SE VOLTEM PARA ELE OS VERMELHOS E MADUROS
VENTOS DO INFERNO

        Oh
        ele é um pomar
        pronto. ele
        pomar vazio
        e pronto
Dizem que teu dorso de brasa é uma estação de certezas,
cozinha os cachos,
RASGA NA POEIRA FECAL AS EXTREMAS FLORES DA VIDA

    SEJAS TU GRAMÁTICA
    OU GUERRA
    CAMPOS DO JOGO, SEVERA CABALÍSTICA
    MECÂNICA DE FEDORES,
            (e se invado teu templo,
            no chão,
            de cores erguidas num rumor de peste)
aqui trabalho meu corpo, em claro, para atingir teu sopro.
E podes comer esta pele
com tua floração de lepra.
É que eu mesmo sou ELE e o seu deslumbro,
é que eu sou sua veste e seu canto, e o brilho
– que encravado na carne,
sustenta-o, LUGKS,
matilha acesa,
CONSUMAÇÃO EM SÓIS DE POEIRA E FOME DOS PUDORES.
Eis porque te destruo, língua,
e deixo minha fala secar comigo,
                      e cair como poeira
                      sobre os olhos famintos,
                      fulgéni!
sumir nele, e com ele,
a doença do ser,
o que se move lá no escuro vértice do ser,
o panariço:
        FOGO DE FOGO

É O ESPAÇO FEITO
DO VÔO NO VÔO, fa-
lo,
   fogo
sem chama,
           destruídas as fogueiras do vício
           nos ossos,
                   fogo novo,
                           e nem essas labaredas da
                           fuligem
                           lavrando os mitos, pela
                           escura velhice, na funda
                           terra,
       o fogo
       queima o fogo

            Oh pacientes deuses
            sob um sol fétido,
            mortos, e só nas altas torres consumidos,
            a carne, depois,
            tornada em ouro!

   finda o meu
sol
     pueril
     o ilícito
     sol
da lepra acesa da pele

               Fogo 'scuro
               pura fúria
                          fai-
               na
                  érea
                  cê
                  érea

'd perfume
         queimado
na sua chama

              em fuligens
                 pelas
                   pói-se o espírito

    fachos
    do último

    os cálices de
       impureza
    e queimação

      ver-
      bal mar
            altura
      do fogo extremo
           os açúcares, meu
                  heroísmo!

torres
de consumição

carne de meu corpo
fornos da glória

negror n'origens,
                flumes!
erupção ner frutos,
lâmpus negurme acêndi sur le camp

O'fluor
pompa fechada n'ar
perfumação nel duro lusme firme
sol dus açúcar
Vlum

              SA-
         BOR

polpa im vida,
iscuridão du rubro
vôo
q'uel bixo s'esgueirano assume ô têmpu

              aço du negro
              lâmi-
              na,
         puxa o fascínio
         du-astro –
         s'apaga
                Ô
              zASTRO

TA CRISTA
E A GUERRA SOBRE OS SUMOS

noite dus folhas ventus
   CRATERA

BUSN DESVÂNU
DESDECINOVÃ

  ÇAR ÇAR
  fedor do dia, bicho
  bichu cavando, galo na flora
  er pescoço
  furte,
    a flor nu fédito

CARNE d'urina
'sóis du fôscu,
          u brilho
vlãns, irromp-
i'ei chão-sepúlcrar

UNnhas da
cega faina
e ô corpú sen têrmo?
e o-ouro da glória
nar fomes felices

fersta da urina!

URR VERÕENS
ÔR
TÚFUNS
LERR DESVÉSLEZ VÁRZENS

13.9.53

Dados Biográficos do Autor

Ferreira Gullar *é o pseudônimo de José Ribamar Ferreira. Nasceu em São Luís do Maranhão em 10 de setembro de 1930. Aos vinte e um anos, já premiado em concurso de poesia promovido pelo* Jornal de Letras, *e tendo publicado um livro de poemas —* Um pouco acima do chão *(1949) —, transferiu-se para o Rio de Janeiro.*

No Rio, passou a colaborar em jornais e revistas, inclusive como crítico de arte. Em 1954, publicou A luta corporal, *livro que abriu caminho para o movimento da poesia concreta, do qual participou inicialmente e com o qual rompeu, para, em 1959, organizar e liderar o grupo neoconcretista, cujo manifesto redigiu e cujas idéias fundamentais expressou no famoso ensaio:* Teoria do não-objeto.

Levando suas experiências poéticas às últimas conseqüências, considerou esgotado esse caminho em 1961, e voltou-se para o movimento de cultura popular, integrando-se no Centro Popular de Cultura (CPC) da UNE, de que era presidente quando sobreveio o golpe militar de 1964. A partir de 1962, a poesia de Gullar reflete a necessidade moral de lutar contra a injustiça social e a opressão. Ele recomeça sua experiência poética com poemas de cordel e, mais tarde, reelabora a sua linguagem até alcançar a complexidade dos poemas que constituem Dentro da noite veloz, *editado em 1975. Em 1964, publica o ensaio* Cultura posta em questão *e, em 1969,* Vanguarda e subdesenvolvimento, *em que propõe um novo conceito de vanguarda estética.*

Se os versos de Gullar foram e são sensíveis a toda a problemática do homem, o seu teatro segue a mesma linha, em obras de parceria com escritores de igual valor: Se correr o bicho pega, se ficar o bicho come *(1966), com Oduvaldo Vianna Filho;* A saída? Onde fica a saída? *(1967), com Armando Costa e A. C. Fontoura; e* Dr. Getúlio, sua vida e sua glória *(1968), com Dias Gomes. Em 1979, edita a peça* Um rubi no umbigo.

Forçado a exilar-se do Brasil em 1971, escreve em 1975, em Buenos Aires, o seu livro de maior repercussão, Poema sujo, *publicado em 1976 e considerado por Vinícius de Moraes "o mais importante poema escrito em qualquer língua nas últimas décadas". Para Otto Maria Carpeaux, "Poema sujo... é a encarnação da saudade daquele que está infelizmente longe de nós, geograficamente, e tão perto de nós como está perto dele, na imaginação do poeta, o Brasil que lhe inspirou esses versos. Poema sujo mereceria ser chamado 'Poema nacional', porque encarna todas as experiências, vitórias, derrotas e esperanças da vida do homem brasileiro. É o Brasil mesmo, em versos 'sujos' e, portanto, sinceros".*

Já no Brasil, Gullar publica Antologia poética *(1978),* Uma luz do chão *(1978) e um novo livro de poemas,* Na vertigem do dia *(1980).*

Gullar publicou, ainda, Indagações de hoje *e* A estranha vida banal *(1989),* Barulhos *(poemas), em 1987;* Argumentação contra a morte da arte *(ensaios), em 1993;* Cidades inventadas *(contos), em 1997;* Rabo de foguete *(memórias), em 1998,* Muitas vozes *(1990), vencedor do Prêmio Jabuti de 2000 na categoria Poesia.*

Em 2005, Gullar é ganhador de dois importantes prêmios pelo conjunto da obra: o da Fundação Conrad Wessel de Ciência e Cultura, na categoria Literatura e o Machado de Assis, a maior honraria da Academia Brasileira de Letras.

Obras do Autor

POESIA

Um pouco acima do chão. São Luís, edição do autor, 1949.
A luta corporal. Rio de Janeiro, edição do autor, 1954; Rio de Janeiro, Civilização Brasileira, 3. ed., 1975; in *Toda poesia*, José Olympio, 1987, 4. ed., 1994; 5. ed., 2000.
Poemas. Rio de Janeiro, Edições Espaço, 1958.
João Boa-Morte, cabra marcado para morrer (cordel). Rio de Janeiro, CPC-UNE, 1962.
Quem matou Aparecida (cordel). Rio de Janeiro, CPC-UNE, 1962.
A luta corporal e novos poemas. Rio de Janeiro, José Álvaro, 1966.
Por você, por mim. Rio de Janeiro, Sped, 1968.
Dentro da noite veloz. Rio de Janeiro, Civilização Brasileira, 1975; 2. ed., in *Toda Poesia*, José Olympio, 1987; 3. ed., 1998.
Poema sujo. Rio de Janeiro, Civilização Brasileira, 1976; 2. ed., 1977; 3. ed., 1977; 4. ed., 1979; 5. ed., 1983; in *Toda poesia*, José Olympio, 1987; 6. ed., 1995; 7. ed., 1999; 8. ed., 2001; 9. ed., 2001; 10. ed., 2004; 11. ed., 2006.
Antologia poética. São Paulo, Summus, 1977; 2. ed., 1977; 3. ed., 1979; 4. ed., 1983; 5. ed., e 6. ed., s.d.
Antologia poética (em disco, com a voz do autor e música de Egberto Gismonti). Rio de Janeiro, Som Livre, 1979.
Na vertigem do dia. Rio de Janeiro, Civilização Brasileira, 1980; in *Toda Poesia*, José Olympio, 1987; 2. ed., 2004.
Toda poesia. Rio de Janeiro, Civilização Brasileira, 1980; 2. ed., 1981; 3. ed., 1983 (São Paulo, Círculo do Livro, 1980; 2. ed., 1981); Rio de Janeiro, José Olympio, 4. ed., 1987; 5. ed., 1991; 6. ed., 1997 (em co-edição com o FNDE); 7. ed., 1999; 8. ed., 1999; 9. ed., 2000; 10. ed., 2001; 11. ed., 2001; 12. ed., 13. ed. e 14. ed., 2004; 15. ed., 2006.
Os melhores poemas de Ferreira Gullar. São Paulo, Global, 1983; 2. ed., 1985; 3. ed., 1986; 4. ed., 1990; 5. ed., 1994.
Crime na flora ou Ordem e progresso. Rio de Janeiro, José Olympio, 1986; 2. ed., 1986.
Barulhos. Rio de Janeiro, José Olympio, 1987; 2. ed., 1987; 3. ed., 1991; 4. ed., 1997, 5. ed., 2000.
Poemas escolhidos. Rio de Janeiro, Ediouro, 1989.
O formigueiro. Rio de Janeiro, Europa, 1991.
Muitas vozes. Rio de Janeiro, José Olympio, 1999; 2. ed., 1999; 3. ed., 1999; 4. ed., 2000; 5. ed., 2002.

Infantil

Um gato chamado Gatinho. Ilustrações de Ângela Lago. Rio de Janeiro, Salamandra, 2000.
O menino e o arco-íris. Ilustrações de Marcelo Cips. São Paulo, Ática, 2001.
O rei que mora no mar. Ilustrações de Rogério Borges. São Paulo, Global, 2001.
O touro encantado. Ilustrações de Ângela Lago. São Paulo, Salamandra, 2003.
Dr. Urubu e outras fábulas. Ilustrações de Cláudio Martins. Rio de Janeiro, José Olympio, 2005.

Poesia no exterior

Livro poema. Herausgeber Verlag, Franenfeld, Suíça, 1965.
La lucha corporal y otros incendios. Caracas, Centro Simón Bolívar, 1977.
Hombre común (antologia). Buenos Aires, Calinanto Editorial, 1979.
Poesía (antologia). Equador, Universidade de Cuenca, 1982.
  Schmutziges Gedicht (Poema sujo). Frankfurt, Suhrkamp Verlag, 1985.
Poemas (antologia). Lima, Col. Tierra Brasileña, 1985.
Faule Bananen und andere Gedichte (antologia). Frankfurt, Verlag Klaus Dieter Vervuert, 1986.
Dirty poem (Poema sujo). Nova York, University Press of America, 1991.
Der Grüne Glanz der Tage (antologia). Munique, R. Piper, 1991.
Poema sucio. Madri, Visor Libros, 1997; Bogotá, Editorial Norma, 1998.
En el vértigo del día (Na vertigem do dia). México, Editorial Aldus, 1998.
Poema sucio. Cuba, Fondo Editorial, La Habana, Casa de las Americas, 2000.
Morgen is weer geen andere Dag. Amsterdam, Wagner & Van Santen, 2003.
Obra poética. Lisboa, Edições Quasi, 2003.

Ensaio

Teoria do não-objeto. Rio de Janeiro, SDJB, 1959.
Cultura posta em questão. Rio de Janeiro, Civilização Brasileira, 1965.
Vanguarda e subdesenvolvimento. Rio de Janeiro, Civilização Brasileira, 1969; 2. ed., 1979; 3. ed., 1984.
Uma luz do chão. Rio de Janeiro, Avenir, 1978.
Sobre arte. São Paulo, Avenir e Palavra e Imagem, 1982; 2. ed., 1984.
Etapas da arte contemporânea: Do cubismo à arte neoconcreta. São Paulo, Nobel, 1985; 2. ed., Rio de Janeiro, Revan, 1998; 2. ed., 1999.
Indagações de hoje. Rio de Janeiro, José Olympio, 1989.
Argumentação contra a morte da arte. Rio de Janeiro, Revan, 1993; 2. ed., 3. ed., e 4. ed., s.d.; 5. ed., 1977; 6. ed., 1998.
Cultura posta em questão & Vanguarda e subdesenvolvimento: ensaios sobre arte. Rio de Janeiro, José Olympio, 2002.

Relâmpagos. São Paulo, Cosac & Naify, 2003.
Sobre arte Sobre poesia. Rio de Janeiro, José Olympio (Coleção Sabor Literário), 2006.

TEATRO

Se correr o bicho pega, se ficar o bicho come (com Oduvaldo Viana Filho). Rio de Janeiro, Civilização Brasileira, 1966.
A saída? Onde fica a saída? (com A. C. Fontoura e Armando Costa; Coleção Espetáculo). Rio de Janeiro, Grupo Opinião, 1967.
Dr. Getúlio, sua vida e sua glória (com Dias Gomes). Rio de Janeiro, Civilização Brasileira, 1968 (nova versão sob o título *Vargas*, 1982).
Um rubi no umbigo. Rio de Janeiro, Civilização Brasileira, 1978.

CRÔNICA

A estranha vida banal. Rio de Janeiro, José Olympio, 1989.

TRADUÇÃO

Ubu rei, de Alfred Jarry. Rio de Janeiro, Civilização Brasileira, 1972.
Cyrano de Bergerac, de Edmond Rostand. Rio de Janeiro, José Olympio, 1985.
Fábulas de La Fontaine. Rio de Janeiro, Revan, 1997; 2. ed., 1998.
As mil e uma noites. Rio de Janeiro, Revan, 2000.
Dom Quixote de la Mancha, de Miguel de Cervantes. Rio de Janeiro, Revan, 2002.
Rembrandt, de Jean Genet. Rio de Janeiro, José Olympio, 2002.
Van Gogh, o suicida da sociedade, de Antonin Artaud. Rio de Janeiro, José Olympio, 2003.
O paraíso de Cèzanne, de Philippe Sollers. Rio de Janeiro, José Olympio, 2003.

FICÇÃO

Gamação. São Paulo, Global, 1996.
Cidades inventadas. Rio de Janeiro, José Olympio, 1997.

MEMÓRIAS

Rabo de foguete. Rio de Janeiro, Revan, 1998; 2. ed., 1998.

BIOGRAFIA

Nise da Silveira. Rio de Janeiro, Relume Dumará (Coleção Perfis do Rio), 1996.

Este livro foi impresso nas oficinas da
DISTRIBUIDORA RECORD DE SERVIÇOS DE IMPRENSA S.A.
Rua Argentina, 171 – Rio de Janeiro, RJ
para a
EDITORA JOSÉ OLYMPIO LTDA.
em dezembro de 2006

*

75º aniversário desta Casa de livros, fundada em 29.11.1931